그리스 로마 신화

① 처음 열린 신들의 세상

글 양태석 그림 조성경

은하수 미디어
EUNHASOOMEDIA

차례

1. 세상이 시작되다 ········· 8
2. 우라노스와 크로노스 ········· 22
3. 제우스의 탄생 ········· 38
4. 제우스가 구한 다섯 남매 ········· 48
5. 전쟁이 시작되다 ········· 74
6. 결전의 날 ········· 86
7. 제우스의 결혼 상대는? ········· 108

8 제우스의 결혼과 올림포스 신들 ·········· 136

9 기간테스의 습격 ·········· 158

10 전쟁의 끝 ·········· 174

그리스 로마 신화를 읽는 이유 ·········· 194
신화 박물관 ·········· 196
신화 퀴즈 ·········· 200
상상하기 ·········· 202
신들의 이름 ·········· 203
신들의 계보 ·········· 204
보물을 찾아라! ·········· 206

부록 그리스 로마 신화 캐릭터 카드

세상이 시작되다

아주 먼 옛날, 세상은 텅 비어 있었어요. 그러다 대지의 여신 가이아가 태어나 여러 신을 만들며 세상을 채워 갔지요. 신비하고 무시무시하기도 하지만 인간의 모습과 닮은 신들의 이야기 속으로 함께 떠나 볼까요?

1 세상이 시작되다

아주 먼 옛날, 세상에는 아무것도 없었어요. 모양이나 빛, 소리도 없는 커다란 덩어리 같았지요. 이렇게 텅 빈 세상을 카오스라고 해요. 카오스는 '혼돈'이란 뜻인데, 신의 이름으로 쓰이기도 해요.

얼마 뒤 아무것도 없는 텅 빈 세상에 대지의 여신 가이아가 생겨났어요. 가이아는 마음이 따뜻하고 생기가 넘치는 여신이었어요.

카오스는 어둠의 신 에레보스와 밤의 여신 닉스, 타르타로스를 만들었어요.

타르타로스는 바로 무시무시한 지옥이에요. 깊은 땅속에 있는 타르타로스는 상상할 수 없을 정도로 캄캄했어요. 또 어찌나 깊은지 쇳덩어리를 떨어뜨려도 열흘이 지나야 바닥에 닿을 정도였어요. 타르타로스는 그만큼 깊고 어두운 지옥이었지요.

누군가 타르타로스에 빠지면 성난 회오리바람에 휩쓸려 도저히 빠져나올 수 없었어요. 이렇게 타르타로

스는 신들도 두려워하는 곳이었지요.

　카오스의 역할이 끝나고 이번에는 대지의 여신 가이아가 세상을 채워 갔어요.

　가이아는 혼자서 세상을 다스리기에는 세상이 너무 넓다고 생각했어요. 그래서 세상을 함께 다스릴 다른 신들을 낳기 시작했지요.

　가이아는 먼저 하늘의 신 우라노스와 산의 신 오레, 바다의 신 폰토스를 낳았어요. 아무것도 없던 세상에 하늘, 산, 바다가 생기면서 점점 생명이 살아갈 환경이 되었어요. 그러자 모든 생명의 어머니인 가이아는 수많은 생명을 낳기 시작했어요.

　땅 위에는 나무와 풀이 무럭무럭 자랐고 동물들이 뛰어다녔어요.

하늘에는 새들이 날아다녔고 바다와 강에는 물고기들이 헤엄쳐 다녔지요.

수많은 생명이 살아 숨 쉬는 세상은 점점 아름답게 변했어요.

"이곳에 더 많은 신이 살면 좋을 것 같구나."

가이아는 이 아름다운 세상에 많은 신이 살기를 원했어요. 그래서 자신과 마주 보고 있는 하늘의 신 우

라노스를 남편으로 맞아들였어요. 신들의 세상에서는 얼마든지 가능한 일이지요.

가이아는 우라노스와 함께 아들 여섯과 딸 여섯을 낳았어요. 열두 명의 자식은 모두 태어나자마자 빠르게 자라서 몸집이 무척 컸어요. 얼굴도 모두 잘생겼지요. 부모가 신이기 때문에 열두 명도 모두 신이 되었어요.

남신은 오케아노스, 코이오스, 히페리온, 크레이오스, 이아페토스, 크로노스이고 여신은 테이아, 레아, 테미스, 므네모시네, 포이베, 테티스예요.

"우리 자식들은 모두 크고 멋지구나!"

가이아는 산처럼 몸집이 크고 잘생긴 자식들을 보며 만족스러운 미소를 지었어요.

열두 신은 아름다운 세상을 마음껏 누비며 즐겁게 살았어요.

이렇게 가이아와 우라노스 사이에서 태어난 열두 신을 '티탄'이라고 해요. 티탄은 거인이란 뜻이지요.

 우라노스는 자신의 자식들을 좋아하지 않았어요. 너무 큰 몸집도 보기 싫었고, 제멋대로 세상을 돌아다니는 것도 마음에 들지 않았어요.

 하지만 가이아와 우라노스는 그 뒤로 세쌍둥이를 낳았어요.

 "왜 이렇게 끔찍하게 생겼지!"

 우라노스는 세쌍둥이를 보고 깜짝 놀랐어요. 커다란 몸집은 티탄과 같았지만 얼굴에 눈이 하나밖에 없고 괴물처럼 생겼기 때문이에요.

이들이 바로 키클롭스 삼 형제인데, 키클롭스는 '둥근 눈을 가진 이'라는 뜻이에요.

 키클롭스 삼 형제는 잘생기진 않았지만 힘이 세고 재주도 많았어요. 특히 대장간에서 물건을 만드는 솜씨가 뛰어났어요. 땅에서 쇠를 파내어 용암이 끓는 화산에 담가 창과 칼, 투구 같은 물건을 만들었지요.

 가이아는 괴상하게 생긴 자식들을 또 낳았어요.

바로 헤카톤케이레스 삼 형제예요. 그들 역시 거인이었는데 머리가 오십 개나 되고 팔은 백 개나 달려 있었어요. 헤카톤케이레스가 '백 개의 손'이라는 뜻이지요.

헤카톤케이레스 삼 형제도 뛰어난 능력이 있었어

요. 오십 개나 되는 머리로 세상이 돌아가는 모습을 한눈에 지켜볼 수 있었지요. 또 백 개의 팔로 엄청난 힘을 발휘했어요. 싸움을 할 때 백 개의 팔로 바위를 들어 던지면 마치 하늘에서 바위 비가 쏟아지는 것 같았지요.

가이아는 괴상하게 생긴 자식도 다른 자식처럼 똑같이 사랑해 주었어요. 하지만 우라노스는 자식을 사랑하는 마음이 전혀 없었지요.

"저렇게 무시무시하게 생긴 괴물들을 내 자식으로 인정할 수 없다!"

우라노스는 특히 키클롭스와 헤카톤케이레스 형제들을 싫어했어요.

"저 괴물 같은 녀석들을 어떻게 하지?"

우라노스는 고민 끝에 키클롭스와 헤카톤케이레스 형제들을 땅속 감옥 타르타로스에 가두어 버렸어요.

"으아아악! 제발 살려 주세요!"

"아버지, 어머니! 저희를 꺼내 주세요!"

자식들이 울부짖으며 애원했지만 우라노스는 들은 척도 하지 않았어요.

"그래도 우리 자식인데 불쌍하지도 않습니까? 제발 좀 꺼내 줍시다."

가이아가 우라노스를 찾아가 몇 번이나 설득했어요. 하지만 우라노스는 가이아의 말을 모두 무시했지요.

가이아는 우라노스의 냉정한 태도에 몹시 화가 났어요.

'당신도 언젠가는 후회할 날이 올 것이오!'

가이아는 마음속으로 그렇게 중얼거리며 치솟는 화를 참았어요.

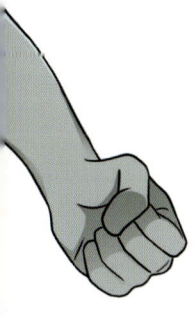

우라노스와 크로노스

냉정한 이비지 우라노스는 결국 키클롭스와 헤카톤케이레스 형제들을 타르타로스에 가두었어요. 몹시 괴로워하던 가이아는 티탄 열두 명을 불러 도움을 요청하지요.
과연 티탄 가운데 누가 우라노스와 맞서게 될까요?

2 우라노스와 크로노스

가이아는 커다란 낫을 만들어 놓고 티탄 열두 명을 불러 말했어요.

"타르타로스에 갇혀 울부짖는 자식들 걱정에 견딜 수가 없구나. 아무리 부탁해도 우라노스는 내 말을 들어주지 않는다. 나를 도와다오."

가이아는 커다란 낫을 바닥에 내려놓았어요. 티탄들은 우라노스에게 복수하는 데 쓰일 낫이라는 걸 금세 눈치챘어요.

하지만 티탄들은 망설일 뿐 바로 나서지 못했어요.

우라노스와 싸워 이길 자신이 없었기 때문이지요.

바로 그때 크로노스가 불쑥 앞으로 나섰어요.

"어머니, 제가 해결해 드리겠습니다."

가이아는 매우 기뻐하며 미소를 지었어요.

"크로노스, 참으로 훌륭하구나!"

크로노스는 티탄 가운데 막내지만 누구보다 배짱이 있고 용맹했어요.

크로노스는 커다란 낫을 집어 들고 말했어요.

"어머니, 걱정하지 말고 저만 믿으세요."

어느덧 땅거미가 지고 밤이 찾아왔어요. 하늘에 머물던 우라노스가 대지로 내려오는 시간이 되었지요.

"가이아, 내가 왔소이다."

우라노스가 대지의 여신 가이아에게 인사를 건네는 순간 어둠 속에서 누군가 툭 튀어나왔어요.

"으악!"

크로노스가 커다란 낫을 휘둘러 우라노스를 공격했어요. 우라노스는 고통스러운 비명을 지르며 바닥에 나동그라졌어요.

"네가 감히…… 으으."

크로노스가 휘두른 낫에 우라노스의 생식기가 그만 잘리고 말았어요. 크로노스는 그 살점을 멀리 던져 버렸어요.

우라노스의 피가 땅을 적셨어요. 우라노스는 재빨리 몸을 피하며 크로노스를 향해 외쳤어요.
"네가 감히 아버지인 나를 배신하다니! 너도 언젠가는 네 자식에게 당할 날이 올 것이다!"
우라노스는 저주의 말을 쏟아붓고는 급히 하늘로 돌아갔어요.

그런데 이게 웬일인가요. 우라노스의 피가 땅속으로 스며들자 그곳에서 새로운 신들이 태어났어요. 머리카락이 뱀으로 이루어진 복수의 여신 에리니에스 세 자매였어요.

여신들의 뱀 머리카락은 독기를 내뿜으며 쉭쉭 소리를 냈어요. 여신 한 명이 크로노스에게 무섭게 말했어요.

"조심하시오. 우리가 던지는 뱀에 물리면 당신도 복수의 희생자가 될 테니 말이오!"

크로노스는 섬뜩한 느낌이 들어 아무 말도 하지 못했어요.

에리니에스 세 자매는 곧 땅속으로 스며들어 사라졌어요. 지하 세계가 바로 복수의 여신들이 사는 곳이었지요.

복수의 여신들은 큰 죄를 지은 사람들만 공격했어요. 특히 살인을 하거나 맹세를 어긴 사람들을 끝까지 쫓아가 복수했는데, 신들도 복수를 피할 순 없었어요. 여신들이 던진 뱀에 맞으면 마음속에 독이 퍼져 결국 죽고 말았지요.

우라노스의 핏자국에서는 또 다른 신들도 태어났어요. 피에 젖은 흙이 부글부글 끓더니 크게 부풀어 올랐어요.

얼마 뒤 하늘 높이 솟아오른 흙먼지 속에서 거대한 기간테스가 모습을 드러냈어요.

기간테스의 모습은 정말 무시무시했어요. 상체는 사람처럼 생겼지만 하체는 뱀처럼 생겼고 천하장사처럼 힘도 무척 셌어요. 산을 뽑아 집어 던지고, 거대한 바위를 공깃돌처럼 가지고 놀 정도였지요. 가이아는 대지에서 태

어난 기간테스를 보고 놀랐지만 이내 자신의 자식으로 받아들였어요. 타르타로스에 갇힌 키클롭스와 헤카톤케이레스 형제들도 자식으로 받아들였으니 당연한 일이었지요.

"너희들은 저 산 너머에서 살도록 해라."

가이아는 기간테스가 살아갈 수 있도록 넓은 땅을 나누어 주었어요.

한편 크로노스가 잘라 버린 우라노스의 살점은 바다에 떨어져 하얀 거품으로 변했어요.

하얀 거품은 바다를 떠돌다가 섬 근처까지 갔어요. 그런데 갑자기 거품이 부글부글 부풀어 올랐어요.

그리고 그 안에서 무척 아름다운 여신이 태어났어요. 바로 사랑과 아름다움의 여신 아프로디테예요.

우라노스가 힘을 잃은 뒤 이제 세상은 티탄의 차지가 되었어요. 당연히 크로노스가 티탄의 우두머리가 되었지요.

"내가 너희들이 할 일을 정해 주겠다."

크로노스는 오케아노스에게 넓은 바다를 다스리게 했어요. 오케아노스는 같은 티탄인 테티스와 결혼하여 넓은 바다 서쪽에서 살았지요.

오케아노스와 테티스 사이에서는 수많은 강의 신과 물의 요정이 태어났어요.

티탄 가운데 히페리온과 테이아도 부부가 되었어요. 이들 사이에서 아주 중요한 역할을 하는 신들이 태어났는데, 바로 태양신 헬리오스와 달의 여신 셀레네, 새벽의 여신 에오스예요.

헬리오스는 날마다 태양 마차를 몰고 하늘을 달렸어요. 헬리오스 덕분에 대지의 모든 생명이 햇빛을 받고 쑥쑥 자라날 수 있었지요.

　헬리오스의 여동생인 달의 여신 셀레네도 아주 중요한 일을 했어요. 밤마다 달빛 마차를 몰고 하늘을 달려 아름다운 달빛을 세상에 비춰 주었지요.

　그 아래 동생인 새벽의 여신 에오스도 멋진 일을

했어요. 밤이 끝나 갈 때 별들의 불을 끄고 태양신 헬리오스를 깨우는 역할이었지요.

그러니까 세 남매가 하는 일이 모두 중요하고 멋진 일이었어요. 세 남매가 힘을 합쳐 세상의 낮, 밤, 새벽이 순서대로 착착 돌아가게 했으니까요.

이 밖에도 티탄 가운데 뛰어난 능력을 갖춘 신들이 많았어요. 최초로 법을 만든 테미스도 티탄이지요. 테미스는 옳고 그름을 잘 따져 정의의 여신이 되었어요.

테미스는 나중에 신들의 왕 제우스와 사랑을 나누어 호라이 세 자매를 낳아요. 이들의 이름은 에우노미아, 디케, 에이레네예요.

테미스는 딸들을 불러 말했어요.

"법은 매우 중요하니 너희들이 법을 지키는 일을 맡도록 해라."

호라이 세 자매는 하나씩 일을 맡았어요. 그래서

에우노미아는 질서의 여신, 디케는 정의의 여신, 에이레네는 평화의 여신이 되었지요. 이들은 또 사계절의 변화에도 관여하여 계절의 여신이라고도 해요.

  기억의 여신인 므네모시네도 티탄이에요. 므네모시네는 제우스와 아홉 날을 함께 보낸 뒤 아홉 명의 무사이를 낳았어요. 무사이 여신들은 주로 예술과 학문을 담당했지요.

제우스의 탄생

크로노스는 우라노스를 몰아내고 신들의 왕이 되어요. 하지만 자신도 똑같이 당할 거라는 우라노스의 저주가 두려운 나머지 자식을 낳는 대로 삼키고 말지요.
크로노스는 영원히 신들의 왕으로 남을 수 있을까요?

3 제우스의 탄생

크로노스는 남매 사이인 레아와 결혼하여 부부가 되었어요.

그런데 크로노스는 가이아와의 약속을 지키지 않았어요. 가이아는 크로노스를 찾아가 매서운 목소리로 물었어요.

"너는 왜 약속을 지키지 않느냐?"

"무슨 약속 말인가요?"

크로노스는 모르는 척하며 고개를 돌렸어요.

"타르타로스에 갇혀 있는 네 형제들을 꺼내 주기로

하지 않았느냐?"

"저는 그런 약속한 적 없습니다. 단지 아버지를 내쫓아 달라고 하셔서 그렇게 했을 뿐입니다."

"뻔뻔하게 거짓말을 하고 있구나!"

"오해입니다. 저는 어머니를 속인 적이 없습니다."

가이아는 버럭 화를 냈어요.

"티탄의 우두머리가 되더니 너도 변했구나!"

사실 크로노스는 타르타로스에 갇혀 있는 키클롭스와 헤카톤케이레스 형제들이 두려웠어요. 그들이 밖으로 나오면 어떻게 될지 알 수 없었거든요.

가이아는 크로노스를 노려보았어요. 순간 크로노스의 얼굴에 우라노스의 얼굴이 겹쳐 보였어요.

가이아는 크로노스를 향해 소리쳤어요.

"크로노스, 잘 들어라. 앞으로 우라노스의 저주가 너에게 닥쳐올 것이다!"

가이아는 그 말을 남기고 곧바로 사라졌어요.

크로노스는 가만히 앉아 우라노스가 자신에게 한

저주의 말을 곱씹어 보았어요.

'너도 언젠가는 네 자식에게 당할 날이 올 것이다!'

크로노스는 찜찜한 기분이 들어 혼자 곰곰이 생각에 잠겼어요.

"오, 그래! 자식에게 당하지 않으려면 그렇게 하면 되겠군."

크로노스는 미소를 지으며 고개를 끄덕였어요.

크로노스가 생각한 방법은 정말 잔인하고 끔찍했어요. 아내 레아가 아이를 낳으면 빼앗아 꿀꺽 삼켜 버리는 것이었어요.

"아이를 당장 이리 내놔!"

레아가 첫째인 헤스티아를 낳자 크로노스는 아이를 받아 꿀꺽 삼켜 버렸어요. 그 뒤로 레아는 하데스, 데메테르, 포세이돈, 헤라를 낳았지만 크로노스가 아이를 모두 삼켜 버렸어요.

"세상에, 자기 아이를 모두 삼켜 버리다니 정말 잔인하군요!"

아이를 잃고 큰 충격을 받은 레아는 눈물을 뚝뚝 흘렸어요.

"이대로 두면 안 되겠어!"

레아는 곧장 가이아를 찾아가 하소연했어요.

"어머니, 이 일을 대체 어쩌면 좋겠습니까? 흑흑……."

레아는 그동안 크로노스가 저지른 일을 가이아에게 말해 주었어요. 그러자 가이아가 울고 있는 레아를 꼭 안고 위로해 주었어요.

"슬퍼하지 말아라. 앞으로 그런 끔찍한 일은 다시 없을 것이다."

"정말입니까?"

"내가 방법을 알려 줄 테니 네가 크로노스로부터 그 아이를 지키거라."

가이아는 레아에게 아이를 지킬 수 있는 방법을 자세히 알려 주었어요.

얼마 뒤 가이아의 말대로 레아는 다시 아이를 가지게 되었어요.

시간이 흘러 아이를 낳을 때가 다가오자 레아는 크로노스 몰래 그리스의 크레타섬으로 갔어요.

"어서 오너라."

섬에 먼저 와서 기다리고 있던 가이아가 레아를 맞아 주었어요.

 가이아는 레아가 아이를 낳을 때 곁에서 도와주었어요. 그렇게 태어난 아이가 바로 최고의 신으로 잘 알려진 제우스랍니다.

제우스가 구한 다섯 남매

레아는 가이아의 도움으로 막내아들 제우스를 지켜 내요. 요정들의 보살핌을 받고 무럭무럭 자란 제우스는 메티스에게 받은 묘약을 들고 크로노스를 찾아가지요. 제우스는 크로노스가 삼킨 남매들을 구할 수 있을까요?

4 제우스가 구한 다섯 남매

 가이아는 레아에게 무언가를 싼 작은 보따리를 건네며 말했어요.

 "제우스는 내게 맡기고 너는 지금 당장 이걸 가지고 크로노스에게 돌아가거라. 자리를 오래 비우면 크로노스가 의심하게 된다."

 보따리는 갓난아이만 한 돌을 포대기로 둘둘 싸맨 것이었어요. 레아는 가이아의 말을 금세 알아들었어요.

"알겠습니다."

레아는 보따리를 들고 곧장 크로노스에게 돌아갔어요.

레아는 크로노스에게 보따리를 내밀며 말했어요.

"당신의 여섯 번째 아이예요."

크로노스는 아이라는 말에 화를 버럭 냈어요.

"또 아이를 낳았다고?"

크로노스는 이전과 마찬가지로 보따리를 받아 꿀꺽 삼켜 버렸어요.

"오, 정말 너무해요!"

레아는 두 손으로 얼굴을 감싸고 우는 척했어요.

한편 크레타섬에 남은 가이아는 제우스를 안고 숲속 동굴로 향했어요.

"어서 오십시오, 가이아 님."

동굴에 사는 요정인 아말테이아가 가이아를 반갑게 맞이했어요. 가이아는 아말테이아에게 제우스를 건네주었어요.

"이 아이가 청년이 될 때까지 이곳에서 잘 돌봐 주어라."

"네, 알겠습니다."

제우스는 크레타섬에서 요정들의 보살핌을 받으며 무럭무럭 자랐어요.

아말테이아는 염소의 젖을 짜서 제우스에게 먹였어요. 요정들의 친구인 산신들도 제우스를 지키는 데 도움을 주었어요. 산신들은 제우스가 울 때마다 창과 방패를 두드리고 노래를 불렀어요. 그래서 크로노스는 제우스의 울음소리를 한 번도 듣지 못했지요.

인간과 달리 신은 매우 빨리 자라기도 해요. 어떤 신은 어른의 모습으로 태어나기도 하지요.

제우스도 매우 빨리 자라서 어느새 씩씩한 소년이 되었어요.

하루는 제우스에게 젖을 주던 염소가 죽고 말았어요. 제우스는 죽은 염소의 뿔을 잘라 아말테이아에게 주며 말했어요.

"이 뿔을 들고 먹을 것을 떠올려 봐. 그럼 금세 뿔 속에 먹을 게 가득 찰 거야."

정말로 그 뿔을 들고 마음속으로 원하기만 하면 금세 뿔 안에 곡식이나 과일 등이 가득 찼어요.

아무리 뿔에서 먹을 것을 꺼내 먹어도 금세 다시 가득 찼지요. 이 뿔을 '아말테이아의 뿔'이라고 해요. 다른 말로는 '풍요의 뿔'이라고 하지요.

어느 날 아말테이아가 제우스에게 말했어요.

"우리가 할 일은 이제 끝났습니다. 이제 가이아 님을 부를 때가 되었습니다."

제우스는 아말테이아가 왜 그런 말을 하는지 금세 알 수 있었어요. 이미 자신은 청년이 되어 있었거든요. 청년이 된 제우스는 힘이 무척 세고 용감했으며 위엄도 느껴졌어요.

아말테이아는 대지를 향해 소리쳤어요.

"가이아 님, 이제 때가 되었습니다!"

그러자 대지의 여신 가이아가 바로 땅에서 솟아오르더니 제우스를 보며 말했어요.

"내 생각대로 역시 늠름하게 잘 자랐구나."

제우스가 공손히 인사하자 가이아는 제우스를 안아 주며 매우 기뻐했어요.

가이아는 제우스에게 그동안 어떤 일이 있었는지 자세히 알려 주었어요. 현명한 제우스는 가이아의 말을 잘 이해했어요.

이윽고 가이아가 다시 말했어요.

"앞으로 너는 신들의 왕이 될 것이다. 그것이 바로 네 운명이다."

가이아는 제우스에게 티탄을 물리치고 세상의 평화를 찾으라고 말했어요. 그러자 제우스가 말했어요.

"제 운명이 그렇다면 기꺼이 따르겠습니다. 그런데 저 혼자 강력한 티탄을 물리칠 수 있을까요?"

"네 편을 찾아 힘을 합하면 된다."

"제 편이 어디에 있습니까?"

"네 아비 크로노스의 배 속에 너의 형제자매들이 갇혀 있다. 그들이 널 도와준다면 충분히 해낼 수 있을 것이다."

제우스는 아버지의 배 속에 든 형제자매들을 어떻게 꺼낼 수 있는지 물었어요.

그러자 가이아가 잠시 생각한 뒤에 말했어요.

"넓은 바다 서쪽으로 가서 메티스를 만나 보아라. 지혜로운 여신 메티스가 너를 도울 것이다."

"잘 알겠습니다."

제우스는 곧장 메티스를 만나러 넓은 바다로 떠났어요. 메티스는 대양의 신 오케아노스와 테티스 부부의 딸이기 때문이에요.

오케아노스 부부와 그 자식들은 티탄이지만 크로노스를 싫어해서 가이아 편을 들었어요.

제우스는 오케아노스의 궁전으로 가서 메티스를 만났어요. 그러자 메티스는 제우스에게 신기한 바다

풀로 만든 묘약을 들고 말했어요.

"당신이 왜 나를 찾아왔는지 알고 있습니다. 이 묘약을 크로노스에게 먹이세요. 이걸 먹으면 크로노스가 배 속에 든 걸 다 토할 겁니다."

제우스가 묘약을 바라보며 물었어요.

"이걸 어떻게 먹일 수 있을까요?"

"어머니를 만나 도움을 받으세요."

제우스는 묘약을 받아 들고 곧장 어머니 레아를 만나러 갔어요.

"어머니, 이 묘약을 아버지에게 먹이세요. 그래야 형제자매들을 구할 수 있어요."

레아는 매우 기뻐하며 묘약을 들고 크로노스를 찾아갔어요.

"크로노스, 어서 이 약을 좀 먹어 보세요. 몸에 아주 좋은 약이랍니다."

하지만 의심이 많은 크로노스는 묘약을 먹으려 하지 않았어요.

"난 넥타르와 암브로시아만 먹겠소. 이것만 먹어도 충분하니까."

넥타르와 암브로시아는 신들이 식사 때마다 먹는 음식이에요.

넥타르는 영원한 생명을 주는 신비한 음료이고, 꿀보다 달고 향기로운 암브로시아는 늙지 않고 죽지도 않게 해 주는 음식이에요. 또 암브로시아는 몸에 바르는 향료로도 쓰이지요. 신들의 음식인 넥타르와 암브로시아를 먹으면 누구나 젊음과 영원한 생명을 얻게 된답니다.

레아가 아무리 몸에 좋다고 권해도 크로노스는 묘약을 먹지 않았어요. 그러자 고민하던 레아가 좋은 생각을 떠올렸어요.

'옳지. 이 묘약을 몰래 넥타르에 섞어서 남편에게 주어야겠다.'

레아는 식사 때가 되자 넥타르에 묘약을 섞어 크로노스에게 주었어요.

아무것도 모르는 크로노스는 암브로시아를 먹고 나서 넥타르를 마셨어요. 그러자 놀라운 일이 벌어졌어요.

크로노스가 갑자기 가슴을 움켜쥐더니 먹은 것을 토하기 시작한 거예요.

"우욱, 웩!"

크로노스가 제일 먼저 토한 건 포대기로 싼 돌덩이였어요. 이어서 다섯 아이가 입에서 쏟아져 나왔어요. 맨 앞에 헤라가 나왔고 다음은 포세이돈, 데메테르, 하데스, 헤스티아 순으로 나왔어요. 크로노스가 삼킨 순서와 반대 순서로 나온 것이지요.

아이들은 크로노스가 삼켰던 그때의 모습 그대로 갓난아이였어요.

"얼른 아이들을 안고 도망쳐야겠다."

레아는 재빨리 밖으로 달아났어요. 숨어 있던 제우스도 레아를 도와 아이들을 안고 도망쳤어요. 그동안 크로노스는 계속 헛구역질을 하고 있었어요.

그런데 레아가 허겁지겁 나오느라 포대기에 싼 돌덩이까지 들고나왔어요. 그 모습을 보고 제우스가 웃으며 말했어요.

"이곳이 바로 세상의 중심이니 기념으로 여기에 이 돌을 놓고 가요."

제우스와 레아는 마침 그리스 파르나소스산에 있는 델포이를 지나고 있었어요. 제우스는 들고 있던 돌을 그 자리에 꽂았어요. 이 돌이 바로 그 유명한 옴팔로스예요.

옴팔로스는 '배꼽'이라는 뜻인데, 옛날에는 델포이가 세상의 중심이라고 생각했기 때문에 제우스가 그곳에 자신을 대신했던 돌을 꽂은 거예요.

제우스와 레아는 크레타섬으로 가서 아이들을 돌보았어요. 제우스가 어릴 때 살던 동굴에서 아이들을 키운 거예요.

신들은 매우 빠르게 자라기 때문에 다섯 남매도 금세 어른이 되었어요.

원래 제우스는 크로노스와 레아의 막내아들로 태어났어요. 하지만 이제는 상황이 바뀌어 제우스가 맏아들이 되었지요.

"오, 모두 참으로 잘 컸구나!"

가이아는 제우스와 다섯 남매를 보고 매우 기뻐했어요. 하지만 금세 걱정스러운 표정이 되어 다시 말했어요.

"너희가 힘을 합쳐서 못된 크로노스 무리를 좀 물리쳐 다오. 세상의 평화를 위해서 너희들이 꼭 나서야 한다."

가이아는 자기가 직접 나서고 싶은 심정이었지만 그럴 수 없었어요. 대지의 여신은 모든 생명을 낳고 기를 뿐 해치지는 못하거든요.

"끝까지 싸워 이길 테니 걱정하지 마세요!"

제우스가 힘찬 목소리로 말했어요.

"저희도 최선을 다해 돕겠습니다."

다섯 남매도 제우스 곁에서 힘을 모았어요.

그때 갑자기 지혜로운 여신 메티스가 나타났어요.

"저도 제우스를 돕고 싶습니다!"

이어서 프로메테우스와 그의 동생 에피메테우스도 제우스의 앞에 나타났어요.

"저희도 돕겠습니다."

프로메테우스 형제는 크로노스와 같은 티탄족이지만 아버지와는 생각이 달라서 제우스 편을 들기로 했어요.

크로노스를 따르는 티탄족들은 대부분 성격이 포악하고 잔인했어요. 그래서 지혜로운 일부 티탄족은 크로노스를 따르는 대신 제우스의 편을 들기로 한 거예요.

이번에는 누군가 날개를 퍼덕이며 빠르게 날아와 말했어요.

"저도 제우스 님 편이 되겠습니다!"

"와, 승리의 여신 니케다!"

다들 니케를 반기며 환호성을 질렀어요.

니케는 지하 세계를 흐르는 강의 여신 스틱스의 딸이에요. 스틱스는 대양의 신 오케아노스의 딸이므로 니케는 오케아노스의 손녀이지요.

니케는 싸움에서 이기는 쪽을 미리 알아내는 능력이 있었어요. 그뿐 아니라 니케가 편드는 쪽은 항상 승리를 거두었지요.

승리의 여신까지 와서 같은 편이 되겠다고 하자 다들 매우 기뻐했어요.

제우스가 한자리에 모인 신들을 돌아보며 힘차게 말했어요.

"이제 승리의 여신도 우리 편입니다. 다들 힘을 모아서 크로노스 무리를 물리치고 평화로운 세상을 만듭시다!"

가이아가 모여 있는 신들을 돌아보며 흐뭇한 표정

을 지었어요.

"모두 제우스를 도와 반드시 승리해야 한다. 내가 너희들의 승리를 바라고 있다는 걸 잊지 말아라."

제우스를 비롯한 모든 신은 함성을 지르며 기세를 올렸어요.

전쟁이 시작되다

신들의 왕이 된 제우스는 크로노스 무리와 치열한 전쟁을 시작해요. 전쟁이 길어지자 제우스는 고민 끝에 가이아를 찾아가지요. 전쟁에서 승리하는 방법을 물은 제우스의 질문에 가이아는 어떤 대답을 할까요?

5 전쟁이 시작되다

제우스는 그리스에서 가장 높은 올림포스산으로 향했어요. 하늘을 찌를 정도로 높은 올림포스산 위에서는 세상이 훤히 내려다보였어요.
"나는 이곳 올림포스산에 궁전을 짓겠소."
제우스가 말하자 다들 기뻐했어요.
제우스는 우선 전쟁 준비에 온 힘을 기울였어요. 땅에서 철을 구해 칼과 창, 방패 등 여러 가지 무기를 만들었어요. 무기가 모두 준비되자 제우스는 올림포스 신들에게 명령을 내렸어요.

"자, 이제 크로노스 무리를 해치우러 갑시다. 나를 따르시오!"

제우스와 함께 맨 앞에 나선 신은 하데스와 포세이돈이었어요. 둘은 올림포스 신들 가운데 가장 용맹하고 든든한 제우스의 형제였지요.

한편 크로노스와 티탄들도 이미 싸울 준비를 마친 상태였어요. 올림포스 신들이 쳐들어올 것을 알고 기다리고 있었어요.

"올림포스의 애송이들이 몰려오고 있다. 다들 전투 준비!"

크로노스가 올림포스 신들을 쏘아보며 소리쳤어요.

"티탄들이여, 우리가 왔다! 당장 항복하는 게 어떠냐!"

제우스가 버럭 외치자 크로노스가 맞받아쳤어요.

"어림없는 소리 말아라!"

"흥, 말로는 안 되겠군! 모두 공격하라!"

드디어 신들의 전쟁이 벌어졌어요.

제우스와 하데스, 포세이돈이 창과 칼을

치켜들고 크로노스와 티탄들을 향해 덤벼들었어요. 올림포스의 신들도 한꺼번에 공격했어요.

　티탄들은 바위와 큰 나무를 뽑아 마구 던졌어요. 올림포스 신들이 재빨리 방패로 막자 돌들이 튕겨서 산 아래로 굴러갔어요. 그 바람에 흙먼지가 날리고 놀란 짐승들이 사방으로 흩어졌어요.

전쟁터에서는 무기가 부딪치고 바위가 구르는 소리가 끊이지 않았어요. 고함을 치고 비명을 지르는 소리도 계곡에 메아리쳤어요.

기나긴 전쟁이 이어지면서 세상은 엉망이 되었어요. 산이 무너져 내렸고 강도 더러워졌지요. 전쟁은 무려 십 년이나 계속되었어요.

그러던 어느 날, 제우스는 곰곰이 생각에 잠겼어요.

'이대로 가다가는 우리가 질 수도 있겠는걸. 무슨 좋은 수가 없을까?'

고민 끝에 제우스는 가이아를 찾아가 물었어요.

"이 전쟁에서 승리할 좋은 방법이 없겠습니까?"

그러자 가이아가 말했어요.

"타르타로스에 갇힌 여섯 형제가 돕는다면 이길 수 있을 것이다."

가이아는 템페 골짜기를 가리키며 이어 말했어요.

"저곳이 타르타로스로 들어가는 입구다. 너희들이 가서 여섯 형제를 풀어 주어라."

"알겠습니다."

제우스와 올림포스 신들은 템페 골짜기로 달려갔어요. 한참 내려가자 타르타로스를 막고 있는 큰 바위가 나타났어요. 올림포스 신들은 힘을 합쳐 큰 바위를 깨뜨렸어요.

"으아아악!"

갑자기 지하의 문이 열리자 키클롭스 삼 형제와 헤카톤케이레스 삼 형제가 소리를 지르며 밖으로 뛰쳐나왔어요. 오랫동안 지하 세계에 갇혀 있던 여섯 형제는 마구 소리를 지르며 기뻐했어요.

"역시 크로노스가 무서워할 만하구나."

제우스는 커다랗고 끔찍한 모습을 한 여섯 형제를 보고 가만히 고개를 끄덕였어요.

그때 가이아가 여섯 형제를 향해 말했어요.

"제우스와 올림포스 신들이 너희 형제들을 타르타로스에서 꺼내 주었다. 그러니 앞으로 온 힘을 다해 제우스를 도와

주어라."

여섯 형제는 고개를 숙이고 예의 바르게 대답했어요.

"알겠습니다, 어머니!"

손재주가 뛰어난 키클롭스 삼 형제는 바로 무기를 만들기 시작했어요. 우선 아주 튼튼한 갑옷과 창, 칼을 만들어 올림포스 신들에게 나누어 주었어요. 그리고 최고의 대장장이들답게 놀라운 무기를 만들어 제우스에게 건네주었어요.

"이건 번개 창입니다. 제우스 님께 드리는 선물입니다."

제우스는 번개 창을 건너편 바위산에 던졌어요.

그러자 우르릉 쾅 하고 번개가 치더니 순식간에 거대한 바위들이 산산조각이 났어요.

"오, 정말 대단한 무기군!"

제우스는 그 무기가 무척 마음에 들었어요.

키클롭스 삼 형제는 포세이돈과 하데스에게도 강력한 무기를 선물했어요.

"이 삼지창을 휘두르면 온 세상이 흔들릴 만큼 강한 태풍을 일으킬 수 있습니다."

"오오, 마음에 드오. 선물 정말 고맙소."

포세이돈은 매우 기뻐하며 삼지창을 받았어요.

"이 황금 투구를 쓰면 몸이 투명해져 아무도 자신을 볼 수 없습니다. 이것을 쓰고 전쟁터에 나가면 분

명 승리할 것입니다."

"오, 이런 신기한 투구가 다 있다니! 정말 고맙소."

하데스도 기뻐하며 투구를 받았어요.

키클롭스 삼 형제의 도움으로 새롭게 전쟁 준비를 마친 올림포스 신들은 전투 의지가 불타올랐어요.

결전의 날

기클롭스 삼 형제가 강력한 무기를 만들어 준 덕분에 제우스는 결국 기나긴 전쟁에서 승리해요. 제우스는 자신을 도운 올림포스 신들에게 각자 다스릴 것을 정해 주지요. 어느 신이 무엇을 다스리게 될까요?

6 결전의 날

둥둥둥! 다시 전쟁이 시작되었어요.

올림포스 신들은 무기를 챙겨 들고 키클롭스 삼 형제, 헤카톤케이레스 삼 형제와 함께 전쟁을 벌일 들판으로 나갔어요.

크로노스와 티탄들은 괴물 같은 여섯 형제를 보고 깜짝 놀랐어요.

"아니, 저들이 어떻게 세상에 나왔지!"

"자, 이제는 끝장을 내자! 공격!"

제우스가 큰 소리로 외쳤어요.

몸집이 크고 힘도 센 키클롭스 삼 형제가 먼저 나무를 뿌리째 뽑았어요.

"우어어어!"

키클롭스 삼 형제는 티탄들을 향해 나무를 통째로 휙 던졌어요. 커다란 바위를 번쩍 들어서 던지기도 했지요.

헤카톤케이레스 삼 형제도 백 개나 되는 팔로 바위와 나무를 집어 던졌어요. 그러자 비가 내리는 것처럼 수많은 바위와 나무가 날아갔어요.

큰 바위가 땅에 떨어질 때마다 지진이 난 듯 땅이 흔들렸어요.

"으아악!"

나무와 바위에 맞은 티탄들이 피를 흘리며 나가떨어졌어요. 그 모습을 본 크로노스는 당황해서 자꾸 뒤로 물러섰지요.

그때 제우스와 하데스, 포세이돈이 앞으로 나섰어요. 프로메테우스와 에피메테우스도 뒤를 따랐지요.

"바로 지금이 기회다!"

제우스가 번개 창을 던지자 바위가 산산조각이 났고 겁을 먹은 티탄들이 그 자리에 얼어붙었어요.

이번에는 투구를 쓴 하데스가 날쌔게 낫을 휘둘렀어요. 티탄들은 눈에 보이지 않는 하데스의 공격을 받고 허수아비처럼 쓰러졌어요. 포세이돈도 삼지창을 휘둘러 강한 태풍을 날렸어요. 그러자 거인인 티탄들도 견디지 못하고 휙휙 날아갔어요.

프로메테우스와 에피메테우스도 창과 칼을 휘두르며 전쟁터를 누볐어요.

"도저히 안 되겠다. 일단 후퇴!"

티탄들은 허겁지겁 달아나기 시작했어요. 하지만 제우스는 달아나는 적들도 그냥 두지 않았어요.

제우스는 번개 창을 날리며 끝까지 공격했고 티탄들은 대부분 들판에 쓰러지고 말았어요. 티탄들과 함께 달아나던 크로노스도 결국 제우스의 번개 창을 맞고 사로잡혔어요.

키클롭스 삼 형제는 크로노스와 티탄들을 모두 쇠사슬로 꽁꽁 묶은 뒤 일단 임시로 만든 감옥에 가두었어요.

그때 승리의 여신 니케가 날아와 맑은 목소리로 외쳤어요.

"전쟁은 우리의 승리로 끝났습니다!"

드디어 길고 긴 전쟁이 올림포스 신들의 승리로 끝났어요.

제우스가 만세를 부르자 올림포스 신들도 환호성을 질렀어요. 키클롭스 삼 형제와 헤카톤케이레스 삼 형제도 펄쩍펄쩍 뛰며 기뻐했어요. 가이아도 나타나 이들의 승리를 축하해 주었어요.

"잘 싸웠다, 올림포스 신들이여! 앞으로 이곳은 너희들 세상이 될 것이다!"

제우스와 올림포스 신들은 다시 한번 소리를 지르며 기뻐했어요.

제우스는 신들의 왕이 되어 올림포스에 궁전을 짓고 세상을 지배했어요. 가이아의 말대로 세상은 제우스와 올림포스 신들 차지가 된 거예요.

제우스는 우선 임시 감옥에 갇힌 티탄들을 재판하기로 했어요.

왕의 자리에 앉은 제우스는 위엄이 넘쳤어요. 번쩍

번쩍 빛나는 왕홀이 왕의 위엄을 더해 주었어요. 왕홀은 왕을 상징하는 지팡이인데, 윗부분에 독수리가 조각되어 있었어요.

독수리는 하늘을 날아다니는 새들의 왕이에요. 그래서 왕홀에 있는 독수리는 제우스가 하늘의 왕이자 신들의 왕이라는 것을 상징해요.

또 제우스의 곁에는 늘 키클롭스 삼 형제가 만들어 준 번개 창이 놓여 있었어요.

제우스가 엄숙한 목소리로 티탄들을 향해 소리쳤어요.

"티탄들은 그동안 너무 많은 죄를 저질렀다!"

쇠사슬에 묶인 채 끌려온 티탄들은 고개를 푹 숙였어요.

"나 제우스는 신들의 왕으로서 판결을 내리겠다. 티탄들을 당장 타르타로스에 가둘 것을 명하노라!"

그들은 이제부터 영원히 세상 밖으로 나올 수 없을 것이다."

제우스는 이어서 헤카톤케이레스 삼 형제에게 명령했어요.

"삼 형제는 타르타로스의 문지기가 되어 저들이 도망치지 못하도록 지켜 주시오. 누가 와서 그 어떤 부탁을 하더라도 절대 문을 열어 주면 안 됩니다."

"알겠습니다."

헤카톤케이레스 삼 형제는 티탄들을 이끌고 타르타로스로 향했어요.

재판을 진행할 때 제우스의 의견에 반대하는 신은 아무도 없었어요. 전쟁에 승리한 뒤 제우스는 왕으로서 누구보다 강력한 힘을 가지고 있었지요.

그런데 티탄들이 저만큼 끌려가고 있을 때 갑자기 제우스가 그쪽을 향해 소리쳤어요.

"잠깐만!"

헤카톤케이레스 삼 형제가 고개를 돌렸어요.

"죄인 가운데 아틀라스를 이리 끌고 오시오."

헤카톤케이레스 삼 형제가 쇠사슬에 묶인 아틀라스를 제우스 앞으로 끌고 왔어요. 몸집이 크고 힘도 무척 센 아틀라스는 프로메테우스와 에피메테우스의 형제였어요.

제우스가 아틀라스에게 물었어요.

"너의 두 형제 프로메테우스와 에피메테우스는 나의 편에 서서 함께 싸웠다. 그런데 너는 왜 나를 돕지 않았느냐?"

아틀라스가 당당한 목소리로 대답했어요.

"다시 또 전쟁을 한다 해도 난 크로노스를 위해 싸울 겁니다. 크로노스는 내 아버지의 형제이니 그를 돕는 건 당연한 일이오!"

제우스는 애써 침착하게 말했어요.

"어쨌든 너의 형제들은 나를 도와 용감히 싸웠으니 너를 타르타로스에 가두지는 않겠다."

"그럼 날 어쩌겠다는 것이오?"

"물론 죄를 지었으니 너를 그냥 용서할 수는 없다. 지금 바로 서쪽 땅끝으로 가서 하늘을 짊어지도록 하라."

아틀라스는 제우스의 명령에 따라 서쪽 땅끝으로 가서 무릎을 꿇고 두 팔로 하늘을 짊어졌어요.

아틀라스를 제외한 크로노스와 티탄들은 모두 무시무시한 타르타로스에 갇혀 다시는 세상에 나올 수 없었어요.

전쟁에서 승리한 제우스와 올림포스 신들은 궁전에 모여 큰 잔치를 벌였어요.

잔치가 끝난 뒤, 제우스는 올림포스 신들에게 저마다 할 일을 정해 주었어요. 제일 먼저 전쟁에서 큰 도움을 준 하데스와 포세이돈에게 다스릴 곳을 정해 주었어요. 장소는 제비뽑기로 정하기로 했는데, 제우스도 함께 참여했어요.

 "우리 셋이 각각 제비뽑기를 하여 다스릴 곳을 정하도록 하자."

 제우스와 하데스, 포세이돈은 하나씩 제비를 뽑았어요. 제우스는 하늘을 뽑았고 하데스는 지하 세계, 포세이돈은 바다를 뽑았어요.

 제우스가 웃으며 말했어요.

 "그럼 나는 원래대로 하늘을 다스릴 테니 하데스는 지하 세계를 다스려라. 그리고 포세이돈은 바다를 다스리도록 하라."

 "알겠습니다."

두 동생은 제우스의 명을 받들었어요.

하늘의 신 제우스는 날씨도 마음대로 관리했어요. 맑은 날과 흐린 날, 비 오는 날을 제우스가 정할 수 있었지요. 봄, 여름, 가을, 겨울 같은 계절도 관리했어요.

삼지창을 든 포세이돈은 바다의 신이 되었어요. 흰 말이 끄는 수레를 타고 바다를 달리는 포세이돈의 모습은 그야말로 장관이었지요. 포세이돈은 강과 작은 하천도 맡아 다스렸어요.

포세이돈은 삼지창으로 태풍뿐 아니라 지진을 일으키기도 했어요. 또 하천이나 샘을 솟아나게 할 수도 있었지요.

포세이돈은 평소에는

너그러웠지만 화를 낼 때는 아주 무서웠어요. 삼지창을 휘둘러 태풍을 일으키거나 홍수와 지진이 나게 하기도 했어요.

  지하 세계, 즉 저승의 신 하데스는 성격이 차갑고 엄격했어요. 지하 세계는 죽은 뒤에 영혼이 가서 사는 세계를 말해요.

지하 세계는 흔히 지옥이라고 생각하지만, 착한 영혼은 행복하게 살고 죄를 지은 영혼은 벌을 받는 죽음의 세계를 말해요.

하데스가 만든 법은 매우 엄격해서 사람이 죽어 지하 세계에 들어오면 절대 밖으로 나갈 수 없었어요. 지하 세계에서는 그 누구도 하데스의 말을 거스를 수 없었지요.

제우스는 여동생인 헤스티아와 데메테르에게도 할 일을 정해 주었어요.

"헤스티아는 불과 화로를 관리하는 일을 맡아라. 그리고 데메테르는 곡식과 농사를 관리하는 게 좋겠다."

이렇게 해서 첫째 여동생 헤스티아는 불과 화로의 여신이 되었어요. 둘째 여동생 데메테르는 곡식과 농사의 여신이 되었지요.

옛날에는 불을 만들기가 아주 어려웠어요. 그래서 화로 안에 든 불씨를 지키는 일을 무척 중요하게 여겼지요.

불이 필요할 때 화로 안에서 꺼낸 불씨를 잘 살리면 불을 만들 수 있었어요.

그만큼 중요한 일이라서 불과 화로를 관리하는 일을 신이 직접 한 거예요.

둘째 여동생 데메테르가 맡은 일도 아주 중요한 일이에요.

밀과 수수, 보리 같은 곡식은 생명이 살아가는 데 필요한 양식이 되기 때문이에요.

그래서 나중에 인간이 만들어진 뒤에는 데메테르가 그 어떤 신보다 많은 존경을 받았어요. 인간들은 해마다 '올해도 풍년이 들게 해 주세요.' 하고 데메테르 여신에게 빌었으니까요.

제우스의 막냇동생인 헤라는 아무 일도 맡지 않았어요. 헤라는 어렸기 때문에 올림포스 신들이 티탄들과 전쟁을 시작할 때 함께하지 못했어요. 나중에 다 큰 뒤에야 겨우 전쟁에 참여해 제우스를 도왔지요.

"막내 헤라에게도

할 일을 정해 주세요."

다른 신들이 이렇게 말하면 제우스는 고개를 설레설레 저었어요.

"막내 헤라는 아직 어려서 안 됩니다."

헤라는 이미 다 큰 성인이었지만 제우스의 눈에는 어리게만 보였어요.

제우스의 결혼 상대는?

가이아의 부탁을 거질한 제우스는 결국 아버지와 비슷한 운명이 되어요. 제우스는 자식을 낳기 두려워했지만 결국 메티스와 낳은 아테나를 보며 걱정을 덜지요. 여러 여신을 만나 사랑을 나눈 제우스는 과연 누구와 결혼하게 될까요?

7 제우스의 결혼 상대는?

　제우스는 이제 하늘의 신이며 신들의 왕으로 세상의 지배자가 되었어요. 세상에서 가장 강력한 권력을 가지게 되었지요.
　하루는 대지의 여신 가이아가 제우스를 불렀어요. 제우스는 곧장 땅으로 내려가 가이아에게 공손히 인사했어요.
　"그동안 잘 지내셨습니까?"
　그런데 가이아의 표정이 어두워 보였어요.
　"무슨 걱정이라도 있으십니까?"

제우스가 걱정스럽게 묻자 가이아가 무겁게 입을 열었어요.
　"사실 부탁이 하나 있습니다."
　가이아는 신들의 왕이 된 제우스에게 예의를 갖추어 물었어요.
　"무슨 부탁인지 얼른 말씀해 보세요."

"타르타로스에 가둔 티탄들을 모두 풀어 주었으면 합니다."

제우스는 흠칫 놀라며 언짢은 표정을 지었어요.

"그건 좀……."

"아무리 티탄들이 죄를 지었지만 그들도 모두 내

자식입니다. 그러니 그들이 이 세상에 나와 조용히 살 수 있게 해 주세요."

제우스는 고개를 저었어요.

"십 년 동안 치열한 전쟁을 하여 겨우 평화를 얻었습니다. 난폭한 티탄들을 풀어 주면 세상은 다시 난장판이 될 것입니다."

"그렇지 않아요. 일단 풀어 주면……."

"어떤 부탁이라도 들어드릴 수 있지만 그 부탁만은 절대 들어드릴 수 없습니다. 저는 이만."

제우스는 단호하게 거절하고는 곧장 하늘로 날아올랐어요.

그러자 가이아가 화를 내며 외쳤어요.

"제우스, 신들의 왕이 되더니 변했군요. 하지만 잊지 마세요! 그대도 우라노스와 크로노스처럼 비극의 주인공이 될 수 있다는 것을!"

제우스는 대꾸도 하지 않고 올림포스 궁전으로 돌아갔어요.

'나도 우라노스와 크로노스처럼 비극의 주인공이 될 수 있다고?'

제우스는 자꾸 가이아의 말이 떠올라 마음이 불편했어요. 그래서 생각을 떨쳐 버리려고 올림포스 신들을 모두 불러 큰 잔치를 열었어요.

신들은 암브로시아와 넥타르를 먹으며 잔치를 즐겼어요. 아름다운 음악과 춤이 어우러져 분위기가 더욱 무르익었지요.

그러나 제우스는 즐거운 분위기 속에서도 기분이 나아지지 않았어요. 그 모습을 본 올림포스 신들이 제우스에게 한마디씩 말을 건넸어요.

"제우스 님, 얼굴에 그림자가 드리워져 있습니다. 혹시 외로워서 그런 것 아닙니까?"

이번에는 다른 신이 맞장구를 쳤어요.

"맞습니다. 이제는 결혼하실 때가 되었습니다."

여동생인 헤스티아도 나서서 말했어요.

"제우스 님은 신들의 왕입니다. 신들의 왕이라면 당연히 결혼해서 자식을 많이 낳으셔야죠."

제우스는 신들의 말이 모두 옳다고 생각했지만 가이아의 말 때문에 결혼하고 싶은 생각이 전혀 들지 않았어요. 결혼하고 아이를 낳으면 자신도 우라노스와 크로노스처럼 될 것 같았지요.

제우스는 올림포스 신들을 돌아보며 짧게 한마디만 했어요.

"그 문제는 내가 알아서 할 테니 더는 이야기하지

마시오."

제우스는 결혼하고 싶은 마음은 없었지만 좋아하는 여신은 있었어요. 바로 지혜로운 여신 메티스이지요. 제우스는 오케아노스 궁전에 사는 메티스를 만나러 가곤 했어요.

메티스도 제우스를 좋아해서 함께 달콤한 시간을 보냈어요. 그러다가 메티스가 덜컥 임신을 하고 말았지요.

메티스가 임신한 사실을 알리자 제우스는 깜짝 놀라며 불쾌한 표정을 지었어요.

"왜 그러세요? 곧 우리 아기가 태어날 텐데 기쁘지 않으세요?"

가이아의 말을 떠올린 제우스는 불안감에 휩싸여 아무것도 보이지 않는 듯했어요.

"안 돼! 아이를 낳으면 절대로 안 된다고!"

제우스는 메티스의 어깨를 거칠게 흔들며 소리를 질렀어요.

겁에 질린 메티스는 도망가려고 자리에서 벌떡 일어났어요. 그러자 제우스가 메티스의 팔을 휙 낚아챘어요.

"놓아주세요! 대체 왜 그러세요!"

그 순간 제우스는 메티스를 통째로 삼켜 버렸어요.

마치 크로노스가 자기 자식을 삼킨 것처럼 비극이 다시 일어난 거예요.

제정신이 아닌 제우스는 급히 올림포스 궁전으로 돌아가 한동안 휴식을 취했어요. 한참 시간이 지나자 겨우 정신이 돌아왔지요.

"내가 메티스를 삼켜 버리다니!"

제우스는 얼굴을 감싸 쥐고 깊은 슬픔에 잠겼어요.

"오, 사랑하는 메티스!"

그로부터 몇 달 뒤 제우스는 엄청난 두통에 시달렸어요. 어찌나 아픈지 머리가 깨질 것만 같았어요.

"아아, 왜 이렇게 머리가 아프지? 누가 어떻게 좀 해 보시오!"

제우스는 손재주가 좋은 프로메테우스를 불러 말했어요.

"내 머리가 왜 이렇게 아픈지 좀 봐 주시오."

프로메테우스는 제우스의 머리를 살펴보았어요.

"앗, 머리 안에 뭔가 들었나 봅니다. 이쪽이 크게 부풀어 올랐습니다."

제우스는 땀을 뻘뻘 흘리며 소리쳤어요.

"맞소. 바로 거기가 제일 아프오! 당장 도끼로 그곳을 쪼개 보시오. 그럼 뭐가 들었는지 알 수 있겠지."

프로메테우스는 도끼를 들고 망설였어요. 감히 신들의 왕을 도끼로 내려칠 용기가 나지 않았어요.

"뭐 해요? 얼른 쪼개라니까!"

제우스가 버럭 소리치자 프로메테우스는 할 수 없이 제우스의 머리를 도끼로 내리쳤어요.

도끼날이 닿는 순간 머리가 조금 벌어지면서 무언가 불쑥 솟아 나왔어요. 가만 보니 전투에 나가는 병사처럼 차려입은 여신이었어요. 투구를 쓰고 갑옷을 입은 채 손에는 창과 방패까지 든 모습이었지요.

"아아아아아!"

여신은 태어나면서 엄청나게 큰 소리를 질렀어요. 어찌나 소리가 큰지 땅에서는 지진이 날 지경이었지요. 게다가 여신은 이제 막 태어났는데도 어른의 모습이었어요.

제우스는 정신을 차리고 여신을 쳐다보았어요.

그동안 제우스의 머리는 완전히 아물었고, 깨질 것 같은 두통도 깨끗이 사라졌어요.

"제가 누군지 궁금하시겠죠?"

여신이 자신감이 넘치는 목소리로 물었어요.

"물론이다. 네가 누구냐?"

제우스가 묻자 여신이 바로 대답했어요.

"저는 아버지의 딸 아테나입니다."

아테나는 지혜와 전쟁의 여신이에요. 제우스가 메티스를 삼킨 뒤에도 아이는 제우스의 몸속에서 계속 자라다 출산일이 되자 태어난 거예요. 그것도 어른의 모습으로 말이지요.

아테나의 어머니 메티스는 매우 지혜로운 여신이었어요. 어머니를 닮은 아테나도 어머니처럼 무척 지혜로웠지요.

제우스는 자신의 딸 아테나가 정말 마음에 들었어요.

지혜로울 뿐 아니라 무술 실력도 아주 뛰어나 보였거든요.

　아테나를 지켜보면서 제우스는 생각을 고쳐먹었어요. 이제 아이를 낳아도 걱정이 없을 거라는 생각이 들었지요.

　"아이를 낳아 잘 키우면 오히려 내게 도움이 될 것 같군. 자식들이 가진 지혜와 능력이 곧 나의 힘이 될

테니까."

생각이 바뀐 제우스는 여러 여신을 만나 사랑을 나누었어요. 그리고 많은 자식을 낳아 길렀지요. 예상한 대로 제우스는 자식 덕분에 더욱 큰 힘을 가지게 되었어요.

제우스는 정의의 여신 테미스와 사랑을 나누어 호라이 세 자매를 낳았어요. 계절의 여신 호라이 세 자매는 계절의 질서를 유지하는 일은 물론 각각 질서, 정의, 평화를 지키는 일을 맡았지요.

제우스는 또 오케아노스의 딸 에우리노메와도 세 쌍둥이 딸을 낳았어요. 이들이 바로 미의 여신 카리테스 세 자매지요. 이 여신들은 생명들이 자신을 아름답고 우아하게 가꾸도록 돕는 역할을 했어요.

기억의 여신 므네모시네도 제우스와 아홉 딸을 낳았어요. 예술과 학문의 여신인 무사이예요.

무사이 여신들은 예술로 신들을 즐겁게 해 주었고 사람들에겐 예술적 재능과 영감을 주었어요.

곡식과 농사의 여신 데메테르도 제우스와 사랑을 나누어 페르세포네라는 딸을 낳았어요. 훗날 페르세포네는 하데스의 아내가 되어 지하 세계의 여왕이 되어요.

제우스와 사랑을 나누어 자식을 낳은 여신은 그 밖에도 셀 수 없이 많아요. 이렇게 제우스가 결혼은 하지 않고 여러 자식을 낳자 신들은 걱정이 되어 제우스를 찾아와 저마다 한마디씩 했어요.

"신들의 신이며 최고의 신인 제우스여, 이제 결혼을 하셔야 합니다."

"정식으로 가정을 이루어야 든든한 후손을 볼 수 있습니다."

"저희는 오래전부터 현명한 안주인을 기다리고 있습니다."

신들은 계속해서 제우스에게 건의했어요. 하지만 제우스는 아직 결혼하고 싶은 마음이 들지 않았어요.

"결혼하고 싶은 생각이 들면 그때 하겠소. 그러니 더는 말하지 마시오."

제우스는 그렇게 말하고 궁전 밖으로 나갔어요.

제우스는 하늘 마차를 타고 날아다니며 이런저런 생각에 잠겼어요.

그동안 만났던 여신들을 하나둘 떠올려 보았지만 결혼하고 싶은 마음은 들지 않았어요.

제우스는 세상을 내려다보다가 문득 누군가를 발견하고 마차를 멈춰 세웠어요.

'아니, 저렇게 아름다운 여신이 다 있다니!'

여신은 혼자서 숲길을 산책하고 있었어요. 긴 머리카락과 하늘하늘한 옷자락이 바람에 날리는 여신의 모습은 눈부시게 아름다웠어요.

"아, 아니! 저건 헤라잖아!"

제우스는 그제야 헤라를 알아보았어요. 헤라는 아름답고 우아했으며 무척 똑똑했어요. 제우스는 예전부터 헤라를 좋아했지요.

"헤라가 언제 저렇게 아름답게 컸지?"

제우스는 그동안 막냇동생 헤라를 그저 어리게만 생각했는데 오늘 보니 완전히 달라 보였어요.

제우스는 어른 헤라에게 사랑을 고백하고 싶었어요.

'아무래도 자연스럽게 다가가는 게 좋겠지.'

제우스는 우선 하늘 마차를 구름 속에 감추고 거센 비가 내리도록 했어요. 그리고 헤라가 자신을 알아보지 못하게 뻐꾸기로 변신했지요. 갑자기 비가 쏟아지자 헤라는 얼른 나무 밑으로 몸을 피했어요.

그때 뻐꾸기로 변신한 제우스가 헤라가 있는 곳으로 날아갔어요.

"오, 가여운 뻐꾸기야. 너도 비를 피해서 이리로 날아왔구나."

헤라가 팔을 내밀자 뻐꾸기는 헤라의 품속으로 날아오더니 재빨리 원래 모습으로 변했어요.

깜짝 놀란 헤라가 비명을 질렀어요.

"어머!"

제우스는 헤라를 살며시 안아 주며 말했어요.

"놀라지 마라. 나는 제우스다."

"이렇게 갑자기 나타나는데 어찌 놀라지 않을 수 있습니까? 그런데 제게 무슨 볼일이 있나요?"

제우스는 미소를 지으며 말했어요.

"사실 네 아름다운 모습에 반해 이렇게 갑자기 오게 되었다. 혹시 내 마음을 받아 줄 수 있겠느냐?"

헤라는 팔짱을 낀 채 고개를 돌렸어요.

"저도 당신을 싫어하진 않지만……."

헤라는 제우스를 똑바로 바라보며 말을 이었어요.

"저는 결혼하지 않고 자식을 낳는 건 받아들일 수 없어요. 절대로요!"

제우스는 어깨를 으쓱하고는 다정한 목소리로 물었

어요.

"그럼 어떻게 하면 좋을까?"

"저와 사랑을 나누려면 우선 결혼부터 해야 해요."

제우스는 잠시 망설이다가 가만히 고개를 끄덕이며 말했어요.

"그럼 나와 결혼하도록 하자. 결혼하여 정식으로 부부가 되면 될 것 아니냐."

"정말입니까?"

"정말이고말고. 지금 당장 스틱스 여신의 이름을 걸고 맹세하겠다."

스틱스는 지하 세계를 흐르는 강의 여신이에요. 승리의 여신 니케의 어머니이기도 하지요. 스틱스와 그녀의 자식들은 티탄들과 전쟁할 때 큰 공을 세웠어요. 그래서 제우스는 신들이 중요한 맹세를 할 때 스틱스의 이름을 걸고 맹세하도록 명했어요.

제우스도 스틱스 강물을 병에 담아 궁전에 가져왔어요. 그리고 맹세할 때마다 물병 앞에서 스틱스의 이름을 걸고 맹세했지요.

이렇게 한 맹세를 어기는 신은 무려 십 년 동안 큰 벌을 받았어요. 그 벌이 너무 무서워서 스틱스의 이

름을 걸고 한 맹세는 누구도 어기지 않았지요.

"그렇다면 당신의 청혼을 받아들이겠어요."

헤라는 제우스와 결혼을 약속하고 그의 가슴에 안겼어요.

어느새 비는 그쳐 밝은 햇빛이 쏟아지고 있었어요.

제우스의 결혼과 올림포스 신들

제우스는 헤라의 마음을 얻으려고 그녀에게 청혼했어요. 그제야 마음을 연 헤라는 제우스와 화려한 결혼식을 올리고 둘은 정식으로 부부가 되지요.
결혼과 가정의 여신 헤라는 제우스와 행복할 수 있을까요?

8 제우스의 결혼과 올림포스 신들

드디어 최고의 신 제우스와 아름다운 헤라의 결혼식이 열렸어요.

많은 신이 찾아와 제우스와 헤라의 결혼을 축하해 주었어요.

"신들의 왕인 제우스 님, 헤라 님! 결혼을 축하드립니다."

"두 분 모두 영원히 행복하시기를 바랍니다."

성대한 결혼식이 끝나갈 무렵 제우스가 헤라에게 선물을 건넸어요.

"이게 뭐예요?"

제우스는 아내에게 예의를 갖추어 말했어요.

"황금 사과요."

황금 사과는 땅에서 나는 열매 가운데 가장 귀한 것인데, 대지의 여신 가이아가 둘의 결혼 선물로 특별히 보낸 거예요.

"오, 정말 마음에 드네요!"

헤라는 황금 사과를 받고 매우 기뻐했어요.

"귀한 선물이니 땅에 심어 우리의 결혼을 영원히 기념하고 싶어요."

"그렇게 하도록 하시오."

결혼식이 끝난 뒤 헤라는 황금 사과를 땅에 심었어요. 그러자 금세 사과나무가 자라났고, 가지마다 황금 사과가 주렁주렁 열렸어요.

"이 귀한 나무를 누군가 지켜야 할 텐데?"

헤라는 그 일을 누구에게 맡길까 생각하다가 아틀라스의 세 딸 헤스페리데스를 불렀어요. 헤스페리데스 세 자매는 자연의 정령이지요. 이들을 님프라고도 하는데 젊고 아름다운 여자 요정을 말해요.

"셋이 힘을 합쳐 이 황금 사과나무를 잘 돌봐 주세요. 알겠죠?"

"네, 걱정하지 마세요. 황금 사과나무 곁에서 떠나지 않고 잘 지킬게요."

헤스페리데스 세 자매는 아예 황금 사과나무 옆에 집을 짓고 살면서 파수꾼 역할을 했어요. 그 때문에 황금 사과나무가 있는 곳을 '헤스페리데스의 정원'이라고 부르게 되었지요.

'아무래도 세 자매로는 좀 불안한걸.'

이렇게 생각한 헤라는 머리가 백 개인 무시무시한 용 라돈을 헤스페리데스의 정원으로 보냈어요.

"헤라 님, 제가 잘 지킬 테니 걱정하지 마세요."

라돈은 황금 사과나무를 친친 감고 올라가 눈을 부릅뜨고 그것을 지켰어요. 헤라는 그제야 마음이 놓였어요.

그 뒤 라돈과 세 여신이 지키는 황금 사과나무는 아무도 탐낼 수 없는 귀한 보물이 되었어요.

제우스와 결혼한 헤라는 올림포스의 여주인이 되어 큰 권력을 누렸어요. 헤라라는 말도 '여왕' 또는 '여주인'이란 뜻이지요.

올림포스의 여왕 헤라는 자신의 상징인 공작 모양의 멋진 수레를 타고 다녔어요. 심부름을 시킬 일이 생기면 무지개의 여신 이리스에게 명령을 내렸지요.

헤라는 무엇보다 결혼 생활의 소중함을 가장 큰 가치로 여겼어요. 그래서 결혼과 가정을 지키는 수호신 역할을 했지요.

제우스와 헤라는 한동안 행복한 신혼 생활을 이어 갔어요. 그러다 둘 사이에 두 아들과 두 딸이 태어났지요. 두 아들은 헤파이스토스와 아레스이고, 두 딸은 에일레이티이아와 헤베예요.

헤파이스토스는 다른 신들과 달리 무척 못생겼고 다리를 절었어요.

하지만 헤파이스토스는 성격이 착하고 손재주도 좋아서 신들의 갑옷이나 투구 등 필요한 물건을 뚝딱 만드는 능력이 있었어요.

"헤파이스토스는 못생겼지만 물건 만드는 솜씨는 정말 최고야!"

"무엇이든 못 만드는 게 없지! 정말 마법의 손이라니까!"

신들도 다들 헤파이스토스의 실력을 인정해 주었어요.

헤파이스토스는 특히 불로 쇠를 녹여서

물건을 만드는 솜씨가 뛰어났어요. 그래서 불과 대장장이의 신이라 불렸지요.

"솜씨가 뛰어나니 내가 새 대장간을 만들어 주마."

제우스도 아들의 솜씨를 인정하고 올림포스에 멋진 대장간을 만들어 주었어요. 그뿐 아니라 키클롭스 삼 형제를 그의 조수로 붙여 주기까지 했어요. 헤파이스토스의 어깨에 날개를 달아 준 셈이지요. 그래서 그의 대장간에서는 필요한 물건을 모두 만들 수 있었어요.

제우스의 또 다른 아들 아레스는 헤파이스토스와 외모는 물론 성격도 무척 달랐어요.

아레스는 무척 잘생겼지만 성격이 급하고 사나워서 걸핏하면 다른 신들과 싸움을 벌이곤 했어요.

"내 성격이 뭐 어때서? 남자 신이라면 나 정도의 성격은 가지고 있어야지!"

싸움을 좋아하는 아레스는 전쟁의 신이 되었어요. 아레스는 전쟁에 뛰어들어 직접 싸우기도 했는데, 그가 참여한 전쟁은 다른 전쟁보다 더 치열하고 무서웠어요.

제우스와 헤라의 딸인 에일레이티이아는 임신한 여자가 아기를 낳을 때 도와주는 역할을 맡았어요. 그래서 출산의 여신이라고도 하지요.

그 아래 동생인 헤베는 영원히 늙지 않게 도와주는 청춘의 여신이 되었어요. 그래서 제우스는 신들이 잔치를 벌일 때 꼭 헤베를 불렀어요.

헤베가 넥타르를 따라 주면 신들은 다들 맛있게 마셨어요. 헤베가 따라 준 넥타르를 마시면 영원히 젊음을 누릴 수 있었지요.

그런데 제우스는 결혼 생활을 무엇보다 중요하게 생각하는 헤라와는 달랐어요. 결혼한 뒤에도 다른 여신들을 만나 사랑을 나누었지요.

헤라는 화가 나서 견딜 수가 없었지만 올림포스 최고의 신 제우스를 말릴 수는 없었어요.

제우스가 밖에서 다른 여신을 만나 낳은 자식 가운데 뛰어난 신들도 많았어요. 제우스가 티탄족인 레토를 만나 낳은 쌍둥이 남매 아르테미스와 아폴론도 능력이 뛰어났어요.

아르테미스는 숲에서 사냥하는 것을 좋아했어요. 은으로 만든 활과 금으로 만든 화살로 사냥을 했는데 활 쏘는 솜씨가 무척 뛰어났어요. 싸움도 잘해서 웬만한 남자 신들한테도 지지 않았지요.

아르테미스는 남자들을 멀리했고 주로 여자들과 어울려 다녔어요. 사랑과 결혼에는 관심이 없었지요.

자유롭게 사냥하러 다니는 것을 좋아해 결국 사냥의 여신이 되었답니다.

아르테미스와 쌍둥이인 아폴론은 미래를 내다볼 줄 알았고 아픈 사람을 치료하는 능력도 있었어요. 그뿐만 아니라 음악 연주도 무척 잘했고 활 쏘는 솜씨도 뛰어났지요.

아폴론은 나중에 태양신 헬리오스 대신 태양 마차를 몰았기 때문에 태양의 신이라고 불렸어요. 아르테미스는 셀레네 대신 달빛 마차를 몰게 되면서 달의 여신이라고 불렸지요.

제우스는 요정과도 사랑을 나누어 자식을 낳았어요. 그 요정이 바로 아틀라스의 딸 마이아예요. 마이아는 전령과 상업의 신 헤르메스를 낳았어요. 전령이란 명령이나 소식을 전하는 이를 말해요.

"나는 땅, 하늘, 바다 어느 곳이라도 갈 수 있어!"

헤르메스는 날개 달린 모자와 신을 착용하고 신의 세계, 지하 세계, 인간 세계를 날아다녔어요.

이렇게 제우스가 이곳저곳을 돌아다니며 많은 자식을 낳자 헤라가 화를 내며 말했어요.

"정말 너무하는군요! 아예 이 세상을 당신 자식들로 가득 채우실 모양이군요."

하지만 제우스는 헤라가 아무리 화를 내도 말을 듣지 않았어요.

"나를 돕는 자식들이 많으면 많을수록 좋은 것 아니오? 내 일은 내가 알아서 할 테니 더는 말하지 마시오."

제우스는 세상에 인간이 생긴 뒤로는 인간 여인과도 사랑을 나누어 자식을 많이 낳았어요. 헤라클레스와 디오니소스, 페르세우스가 모두 제우스의 자식들이지요. 그들은 어머니가 인간이지만 아버지는 신

이어서 뛰어난 능력과 힘을 가지고 있었어요.

 제우스는 주로 올림포스 궁전에 머물면서 세상을 다스렸어요. 중요한 일이 생기면 여러 신을 불러 함께 상의하기도 했지요. 제우스를 포함하여 주로 열두 명의 신이 회의에 참여했는데, 이들을 올림포스 열두 신이라고 해요. 모든 신 가운데 지위가 높고 뛰어난 신들이지요.

 올림포스 열두 신은 대부분 신들의 왕인 제우스의 형제나 자식이에요. 특별히 사랑의 여신인 아프로디테도 열두 신에 속하지요.

올림포스 열두 신 가운데 포세이돈과 헤스티아, 데메테르는 제우스의 동생이고, 헤라는 제우스의 동생이자 아내예요. 또 다른 동생인 하데스는 지하 세계에서 잘 나오지 않아 열두 신에서 빠졌어요.

제우스의 자식들 가운데는 아테나와 헤파이스토스, 아레스, 아르테미스, 아폴론, 헤르메스가 열두 신에 속해요.

그런데 나중에 헤스티아는 열두 신에서 빠지게 되었어요. 조용한 성격인 헤스티아는 지혜로운 젊은 신 디오니소스에게 자기 자리를 양보했어요.

디오니소스는 인간 여인과 제우스 사이에서 태어났지만 열두 신에 포함되었어요. 나중에 디오니소스는 술의 신이라 불리게 되지요.

올림포스 열두 신은 대부분 올림포스 궁전에서 살았어요. 하지만 포세이돈과 아르테미스는 밖에서 살

앉어요.
　바다의 신 포세이돈은 바다 궁전에서 살았고, 사냥의 여신 아르테미스는 사냥을 너무 좋아하여 숲에서 살았답니다.

기간테스의 습격

화가 난 가이아는 제우스에게 복수하기로 마음먹어요. 기간테스를 불러 올림포스 신들을 무찌르고 티탄을 풀어 달라고 부탁하지요. 제우스는 무시무시한 기간테스의 공격을 막고 왕좌를 지킬 수 있을까요?

9 기간테스의 습격

올림포스 열두 신의 노력으로 세상은 점점 살기 좋은 곳으로 변해 갔어요. 그런데 대지의 여신 가이아는 올림포스 신들을 탐탁지 않게 여겼어요. 특히 제우스에게 불만이 많았지요.

"도대체 왜 타르타로스에 갇힌 티탄들을 풀어 주지 않는 거야!"

가이아는 오랜 고민 끝에 제우스에게 복수하기로 마음먹었어요.

"하지만 올림포스 신들은 이제 너무 강해졌어. 무

슨 좋은 수가 없을까?"

그때 가이아는 거인족인 기간테스를 떠올렸어요.

"옳지! 기간테스라면 올림포스 신들과 싸워 이길 수 있을 거야!"

기간테스는 우라노스의 피가 대지에 스며들어서 태어난 무시무시한 거인 괴물들이에요.

기간테스는 가이아가 나눠 준 넓은 땅에서 살고 있었어요. 가이아는 곧바로 기간테스를 불렀어요.

"내 자식들아, 이 어미의 한을 좀 풀어다오."

"어머니, 무엇이든 말씀만 하십시오."

"올림포스 신들을 무찌르고 타르타로스에 갇힌 티탄들을 좀 풀어다오."

"알겠습니다, 어머니!"

기간테스가 자신 있게 대답하자 가이아는 미소를 짓더니 말을 이었어요.

"너희는 신이 아니기 때문에 싸우다 다치면 죽을 수도 있다. 하지만 내가 어떤 상처도 치료할 수 있는 마법의 약초를 구해 줄 테니 걱정하지 마라."

기간테스는 가이아의 말이 끝나자마자 올림포스산으로 향했어요. 기간테스는 전부터 올림포스 신들을 몰아내고 세상을 지배하고 싶어 했는데 마침 가이아가 그런 부탁을 해서 오히려 기뻤어요.

"공격하라! 올림포스 신들을 공격하라!"

올림포스 앞에 도착한 기간테스는 엄청난 힘으로 바위를 뽑아 던졌어요. 뿌리째 뽑은 나무는 화산에서 불을 붙여 마구 집어 던졌어요.

"기간테스가 쳐들어왔다! 적을 막아라!"

제우스가 맨 앞에 나서서 소리쳤어요.

아폴론과 아르테미스가 재빨리 화살을 날렸고 아테나와 헤파이스토스도 창을 던지며 공격했어요. 제우스도 연달아 번개 창을 던졌지요.

제우스가 번개 창을 던질 때마다 천둥소리와 함께 땅에 벼락이 내리꽂혔어요.

하지만 기간테스는 큰 바위를 집어 던져 번개 창을 막았어요. 또 뱀처럼 생긴 발을 움직여 화살을 요리조리 피했어요. 어떤 화살은 불붙은 나무에 꽂혀 타 버렸어요.

제우스는 기간테스의 엄청난 힘에 놀라 고개를 설레설레 저었어요.

"기간테스가 천하장사라더니 정말이로구나!"

 다행히 밤이 되자 전쟁은 잠시 멈추었어요. 제우스는 급히 신들을 불러 회의를 열었어요.

"정말 무시무시한 괴물들이오. 기간테스를 물리칠 좋은 방법이 없겠소?"

 그때 정의의 여신 테미스가 말했어요.

"기간테스를 이기는 방법은 딱 한 가지입니다. 올림포스 신들과 인간이 힘을 합쳐 공격해야 이길 수 있습니다!"

테미스 여신은 앞날을 내다보는 능력이 뛰어나기 때문에 다들 그 말을 믿었어요.

"나약한 인간이 우리를 돕는다고? 하지만 테미스 말이니 믿어야겠지요. 인간 중에 누가 좋겠소?"

"제우스 님의 인간 아들 중에 적당한 인물이 있을 겁니다."

제우스는 순간 떠오르는 얼굴이 하나 있었어요.

그때 테미스가 다른 말을 꺼냈어요.

"그것보다 급한 일은 마법의 약초를 없애는 일입니다."

"마법의 약초는 왜?"

"기간테스는 엄청난 힘이 있지만 신이 아니기 때문에 다치면 죽을 수밖에 없습니다. 하지만 가이아가 마법의 약초를 구해 준다면 우리는 절대 기간테스를 이길 수 없습니다."

제우스는 깜짝 놀랐어요.

"그렇다면 큰일 아니오! 어서 태양과 달, 새벽을 맡은 헬리오스 남매와 별들에게 명령을 내려야겠소. 하루 동안 어떤 빛도 내지 말라고 하고 우리가 먼저 마법의 약초를 찾아야 하지 않겠소?"

"좋은 생각이십니다."

제우스의 명령이 내려지자 곧바로 세상이 온통 깜깜해졌어요. 그 사이 올림포스 신들이 마법의 약초를 찾아내 모조리 뽑아 버렸어요.
"이제 됐소. 다음은 헤라클레스를 올림포스로 데려와야겠소."

제우스는 인간 아들 중에 헤라클레스가 자신을 도울 가장 적당한 인물이라고 생각했어요. 헤라클레스는 맨손으로 사자를 때려잡는 장사일 뿐 아니라 활도 아주 잘 쐈어요. 그가 가지고 다니는 독화살에 맞으면 누구도 살아남을 수 없었지요.

마침내 헤라클레스가 올림포스 궁전에 나타났어요.

헤라클레스는 제우스에게 자기 생각을 말했어요.

"제가 하늘 마차를 타고 가서 괴물들의 눈에 독화살을 쏘겠습니다. 그러면 하늘의 왕께서 번개 창으로 벼락을 쳐 공격하십시오."

"오, 그거 좋은 방법이로구나."

제우스가 자신의 하늘 마차를 내주자 헤라클레스는 쏜살같이 하늘로 날아올랐어요.

다시 치열한 전쟁이 이어졌어요. 기간테스가 던지 커다란 바위와 불붙은 나무가 비처럼 쏟아졌어요.

올림포스 신들도 지지 않고 기간테스를 향해 창과 화살을 쏘며 공격했어요.

그때 갑자기 구름 뒤에서 헤라클레스가 탄 마차가 나타났어요.

"앗, 누구냐?"

기간테스의 우두머리 알키오네우스가 헤라클레스를 가리키며 외쳤어요. 그 순간 헤라클레스가 알키오네우스의 두 눈을 향해 독화살을 날렸어요.

"으악!"

알키오네우스의 두 눈에 정확히

화살이 박혔어요.

"내 화살 맛이 어떠냐?"

헤라클레스는 연달아 화살을 날려 알키오네우스의 심장을 꿰뚫었어요. 온몸에 독이 퍼진 알키오네우스는 그대로 땅바닥에 나뒹굴고 말았지요.

헤라클레스는 하늘 마차를 이리저리 몰며 계속 독화살을 쏘았어요. 날아간 화살은 괴물들의 눈에 정확히 꽂혔어요.

"아이코, 앞이 안 보인다! 도망가자!"

공격을 당한 괴
물들은 우왕좌
왕하며 비명을
질렀어요.

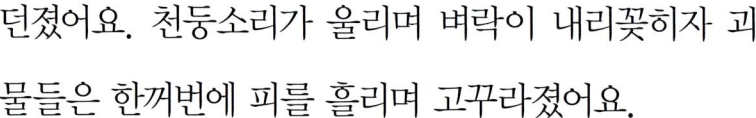

그때 제우스가 번
개 창 여러 개를 동시에
던졌어요. 천둥소리가 울리며 벼락이 내리꽂히자 괴
물들은 한꺼번에 피를 흘리며 고꾸라졌어요.

"우아, 우리가 이겼다!"

올림포스 신들은 환호성을 지르며 기뻐했어요.

하지만 대지의 여신 가이아는 기간테스가 어이없이
패배하자 몸서리를 치며 슬퍼했어요.

"믿었던 기간테스가 이렇게 허무하게 지다니!"

가이아는 가슴을 쥐어뜯으며 울부짖었어요. 순간
여신의 가슴에서 핏물이 흘러 땅속으로 스며들었고

결국 타르타로스까지 닿았어요. 그러자 어둠 속에서 정말 무시무시한 괴물이 태어났어요.
그 괴물의 이름은 티폰이었어요.

전쟁의 끝

제우스의 아들 헤라클레스가 기간테스를 물리치며 올림포스에 다시 평화가 찾아왔어요.
하지만 가이아의 피가 스며든 땅속에서 더 강하고 끔찍한 괴물 티폰이 태어났지요. 이번에도 제우스는 무사할 수 있을까요?

10 전쟁의 끝

새로 태어난 괴물 티폰은 산을 뽑아서 던질 수 있을 만큼 몸이 어마어마하게 크고 힘도 셌어요. 상반신은 사람을 닮았지만 하반신은 거대한 뱀처럼 생겼지요.

티폰은 눈과 입에서 불꽃을 뿜어냈고 날개가 있어 날 수 있었어요. 팔에는 백 마리나 되는 뱀이 달려 있어 보기만 해도 소름이 끼쳤어요.

가이아는 티폰에게 차가운 목소리로 말했어요.

"올림포스 신들을 공격해 무찔러다오!"

"네, 당장 쳐들어가겠습니다!"

티폰이 올림포스산으로 다가가자 갑자기 강한 태풍이 몰아쳤어요. 태풍은 티폰이 움직일 때마다 따라다녔어요.

"자, 내 공격을 받아라!"

티폰은 올림포스 신들을 향해 활활 타는 바윗돌을 집어 던졌어요. 입으로는 뜨거운 불을 내뿜었고 팔에 달린 뱀에서도 강력한 독기가 나왔어요.

"으, 으악!"

갑자기 공격을 당한 올림포스 신들은 정신없이 당하기만 했어요. 제우스도 번개 창을 던질 기회를 놓치고 뒤로 물러서기만 했어요.

"안 되겠다. 일단 피하자!"

제우스와 올림포스 신들은 급히 도망쳤지만 티폰이 불을 뿜으며 계속 따라왔어요.

아르테미스와 아폴론은 티폰을 향해 화살을 쏘았고, 아테나는 창을 던졌어요. 하지만 티폰의 몸은 단단한 비늘로 덮여 있어 모두 튕겨 나오고 말았어요.

올림포스 신들은 그리스를 벗어나 이집트까지 도망친 뒤 모습을 숨기려고 동물로 변신했어요.

아르테미스는 고양이로 변신하고, 헤라는 소, 아폴론은 까마귀, 디오니소스는 염소로 변신한 채 멀리 달아났어요.

한편 최고의 신 제우스는 다시 정신을 차리고 티폰과 끝까지 싸웠어요.

"도망만 갈 순 없지! 자, 받아라!"

제우스는 번개 창을 뽑아 있는 힘껏 던졌어요. 콰쾅 천둥소리를 내며 날아간 번개 창은 티폰의 머리에 정확히 꽂혔어요.

갑작스럽게 공격을 당한 티폰은 비명을 지르며 나동그라졌어요. 그러고는 이내 후다닥 달아나기 시작했어요.

"거기 서라!"

제우스는 커다란 낫을 들고 재빨리 티폰을 쫓아갔어요. 티폰이 크게 상처를 입은 틈에 해치울 생각이었지요.

 그런데 제우스가 뒤에서 공격하려고 할 때 갑자기 티폰이 휙 돌아서며 불을 내뿜었어요.

 "크아앙!"

 티폰은 피를 줄줄 흘리면서도 계속 제우스를 공격했어요. 다쳐서 힘을 못 쓰는 줄 알았더니 그게 아니었어요.

 "억!"

 제우스가 비명을 지르며 쓰러지자 티폰은 뱀 모양의 다리로 제우스를 휘감았어요. 제우스는 꼼짝도 못 하고 티폰에게 잡히고 말았어요. 그 바람에 커다란 낫도 빼앗겼지요.

"흐흐흐, 넌 이제 끝장이다!"

티폰은 낫으로 제우스의 손과 발의 힘줄을 잘라 꺼냈어요.

"넌 신이니까 죽지는 않겠지. 하지만 이렇게 하면 힘을 못 쓰게 할 수 있다. 흐흐흐."

티폰은 힘줄을 빼앗겨 시체처럼 변한 제우스를 으슥한 동굴로 옮겼어요. 그리고 그곳에 사는 거대한

용에게 제우스를 잘 지키라고 명령했지요. 제우스의 힘줄은 곰의 가죽에 싸서 용의 배 밑에 꼭꼭 숨겨 두었어요.

"목숨을 걸고 잘 지켜야 한다!"

티폰은 용에게 단단히 주의를 준 뒤 동굴에서 나갔어요.

"으으으……."

제우스는 눈을 뜨고 있었지만 온몸에 힘이 하나도 없어서 움직이지 못했어요.

제우스가 티폰에게 당했다는 소식은 금세 세상으로 퍼져 나갔어요.

"어이쿠, 이제 어떻게 하면 좋을까요?"

"우선 제우스 님을 구해야지요."

"그럼 먼저 용이 지키고 있는 동굴로 가서 제우스 님의 힘줄부터 찾아와야 하지 않을까요?"

올림포스 신들이 모여 회의를 하고 있는데 전령의 신 헤르메스가 불쑥 나섰어요.

"여러분도 잘 아시겠지만, 나는 전령의 신이면서 한편으론 도둑의 신이기도 합니다. 그러니 내가 가서 제우스 님의 힘줄을 몰래 가져오겠습니다."

"오, 그러면 되겠군요."

신들은 다들 기대에 찬 얼굴로 헤르메스를 바라보았어요.

헤르메스는 곧장 하늘로 날아갔어요. 그는 동쪽 끝에서 서쪽 끝까지 샅샅이 뒤져 마침내 제우스가 갇혀 있는 동굴을 찾아냈어요.

가만히 숨어서 보니 정말로 용이 동굴을 지키고 있었어요.

'어떤 꾀를 내야 용이 속아 넘어갈까?'

헤르메스는 잠시 생각한 다음 날개 달린 모자를 용 앞에 휙 던졌어요. 그러자 모자는 나비처럼 팔랑팔랑 용 주위를 날아다녔어요.

"으잉, 이게 뭐지?"

호기심이 생긴 용은 입으로 모자를 잡으려고 했어요. 하지만 모자는 살살 약을 올리듯 날아가며 용을

동굴 밖으로 유인 했어요.

 용이 동굴 밖으로 나오자마자 헤르메스는 힘줄을 훔쳐 잽싸게 제우스에게 돌려주었어요.

"오! 고맙다, 헤르메스!"

 제우스는 기운을 되찾고 급히 헤르메스와 함께 올림포스로 돌아갔어요.

"회의를 열 테니 모든 신은 올림포스 궁전으로 모이시오."

 신들이 모이자 제우스는 운명의 여신 모이라이 세 자매에게 물었어요.

"티폰의 운명에 대해 알려 주시오."

"티폰은 신처럼 영원히 죽지 않을 운명입니다."

제우스가 다시 물었어요.

"그럼 그 괴물을 죽일 방법이 아예 없다는 것이오?"

"티폰을 죽일 수는 없지만 기운을 빼 놓을 수는 있습니다. 티폰에게 마법의 과일을 먹이면 힘을 쓰지 못합니다."

제우스는 가만히 고개를 끄덕였어요.

"좋은 방법이로군. 그럼 모이라이 여신들이 그 일을 좀 맡아 주시오."

제우스는 그렇게 말한 뒤 다른 신들과 그다음 일에 대해 상의했어요.

제우스의 명을 받은 모이라이 세 자매는 바로 마법의 과일을 찾아 나섰어요.

"흠, 마법의 과일이 여기 있군."

모이라이 세 자매는 과일을 여러 개 따서 바구니에 담아 티폰을 찾아갔어요.

상처를 입은 티폰은 동굴에서 쉬고 있었어요.

모이라이 세 자매가 마법의 과일을 건네자 티폰이 물었어요.

"이게 뭐요?"

"상처를 빨리 낫게 하는 과일이니 드셔 보세요."

티폰은 마법의 과일을 하나 먹더니 나머지를 모두 먹어 치웠어요.

잠시 뒤 티폰은 몸을 부르르 떨며 축 늘어져 버렸어요. 온몸의 기운이 다 빠져나갔는지 겨우 앓는 소리만 냈지요.

"이제 됐다!"

모이라이 세 자매는 급히 동굴을 빠져나와 제우스에게 소식을 전했어요.

제우스는 기다렸다는 듯 곧장 하늘 마차를 타고 나가 티폰을 공격했어요.

티폰은 힘이 거의 다 빠진 상태였지만 마지막까지 불을 내뿜으며 맞서 싸웠어요.

"정말 지독한 괴물이군."

제우스는 연속으로 번개 창을 던지며 계속 티폰을 몰아붙였어요.

티폰은 서쪽 끝까지 달아나 이탈리아 남쪽 바다로 피했어요. 몸이 어찌나 큰지 바다에 숨었는데도 상반신은 물 위로 나와 있었어요.

그 순간 제우스가 뒤쪽을 향해 크게 소리쳤어요.

"준비한 것을 지금 당장 이곳으로 던지시오!"

말이 끝나자마자 육지 쪽에서 어마어마하게 큰 산이 바다를 향해 날아왔어요. 그것은 올림포스 신들이 다 같이 힘을 모아 던진 산이었어요.

"털썩!"

산은 티폰을 깔아뭉개고 바다에 떨어져 큰 섬이 되

없어요. 티폰은 운명의 여신들 말대로 죽지는 않았지만 거대한 산에 깔려 꼼짝도 할 수 없었어요. 티폰이 거칠게 숨을 몰아쉴 때마다 산꼭대기 분화구로 불길이 솟아올랐지요. 이곳이 바로 이탈리아 시칠리아섬의 에트나 화산이랍니다.

 제우스와 올림포스 신들이 이렇게 티폰을 물리치자 세상에는 다시 평화가 찾아왔어요.

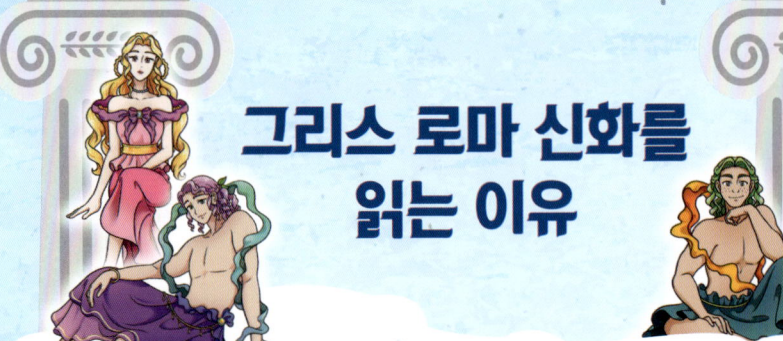

그리스 로마 신화를 읽는 이유

　그리스 로마 신화에는 신과 영웅, 요정 등 다양하고 신비한 인물이 많이 등장해요. 아름답거나 신기한 이야기부터 무섭고 놀라운 이야기까지 이야기의 종류도 매우 다양하지요. 그런데 우리는 그리스 로마 신화를 왜 읽어야 할까요? 그리스 사람도 아니고 로마 사람도 아닌데 말이지요.

　그리스 로마 신화는 고대 그리스에서 만들어지기 시작해 로마 제국으로 이어지는 신화예요. 그리스 신화를 받아들인 로마 사람들이 신들의 이름과 내용을 바꾸기도 했지만, 중심은 어디까지나 그리스 신화예요. 하지만 서양 역사에서 로마가 중요한 자리를 차지하고 있기 때문에 '그리스 로마 신화'라는 이름이 붙게 되었지요.

　우리가 그리스나 로마 사람도 아닌데 그리스 로마 신화를 읽어야 하는 이유는 신화에 등장하는 이야기가 지금까지도 생생

하게 살아 있기 때문이에요. 언어와 문학, 역사, 철학 같은 학문을 인문학이라고 하는데, 그리스 로마 신화는 이 모든 학문에 깊이 스며들어 있어요.

그리스 로마 신화를 소재로 한 소설과 그림, 조각품도 셀 수 없이 많아요. 철학이나 심리학에서 쓰는 용어 가운데 그리스 로마 신화에 나오는 인물에서 따온 것도 있지요.

여러분도 한 번쯤 들어 봤을 '판도라의 상자'나 '미다스의 손' 등도 모두 그리스 로마 신화에서 나왔어요. 스포츠용품 회사인 나이키는 승리의 여신인 니케의 영어식 이름이고, 커피 회사인 스타벅스의 로고는 바다의 요정 세이렌이랍니다.

거문고자리, 오리온자리, 사자자리 같은 별자리 이름도 그리스 로마 신화 속에 나오는 이야기에서 생겨났어요. 이렇게 그리스 로마 신화를 읽어야 서양 문화와 역사의 뿌리를 알 수 있어요. 그리스 로마 신화가 그만큼 인류 역사와 학문, 예술에 큰 영향을 끼쳤기 때문이지요. 그래서 우리가 현대를 살면서도 계속 그리스 로마 신화를 읽는 것이랍니다.

신화 박물관

거대한 신, 티탄

가이아와 우라노스가 낳은 많은 자식 가운데 몸이 무척 큰 열두 신을 티탄이라고 해요. 티탄은 거대하다는 뜻으로, 빙산에 부딪혀 가라앉은 커다란 여객선 타이태닉호도 티탄에서 따온 이름이에요. 영어로 큰 바다를 뜻하는 오션(Ocean)은 티탄이자 대양의 신 오케아노스에서 나온 말이지요. 티탄은 제우스가 최고의 신이 되기 전까지 하늘과 바다, 태양 등 세상을 돌보았답니다.

오케아노스, 니콜라 살비, 1732~1762년

테미스, 기원전 300년

아버지와 아들의 비극

가이아는 티탄 열두 명을 불러 우라노스가 자식을 타르타로스에 가둬서 고통스럽다고 하소연했어요. 그때 막내인 크로노스가 나서서 어머니의 뜻을 따르기로 했어요. 결국 크로노스는 낫으로 아버지를 공격해 몰아냈지만 또 다른 비극이 시작되었지요.

〈우라노스를 공격하는 크로노스〉, 조르조 바사리, 16세기

자식을 지킨 레아

레아는 자식을 지키기 위해 크로노스에게 아기 제우스 대신 천으로 싼 돌을 건넸어요. 제우스는 크레타섬에서 요정 아말테이아의 보살핌을 받으며 무럭무럭 자라났지요.

크로노스에게 천으로 싼 돌을 건네는 레아, 기원전 460년

〈어린 제우스를 보살피는 아말테이아〉, 니콜라 푸생, 17세기

🎵 세상의 중심 델포이

옛날 그리스 사람들은 그리스가 세상의 중심이라고 생각했어요. 그리스 로마 신화 속에서도 제우스는 세상의 중심인 델포이에 돌을 꽂아 넣었다고 해요.

옴팔로스

그 돌이 옴팔로스인데 배꼽, 세계의 중심이란 뜻이지요. 그래서 델포이는 지구의 배꼽이라고 불려요.

델포이

🎵 파르테논 신전

옛날 그리스 사람들은 신전을 만들어 신에게 바쳤어요. 그리스 아테네에 있는 파르테논 신전은 지혜와 전쟁의 여신 아테나를 위해 만들었어요. 이곳은 그리스에서 가장 아름답고 뛰어난 유적지로 손꼽히는 곳이지요. 파르테논 신전이 있는 아크로폴리스 언덕 전체는 유네스코가 지정한 세계 문화유산이기도 해요.

파르테논 신전

🎵 신들이 살던 곳

올림포스산

제우스는 그리스에서 가장 높은 올림포스산에 신들의 궁전을 지었다고 해요. 올림포스산은 무척 높아서 꼭대기가 눈으로 덮여 있거나 구름으로 가려질 때가 많았어요. 그래서 옛날 그리스 사람들은 신들이 사는 신비로운 곳이라고 생각했지요.

🎵 태양계 행성

태양 주위를 도는 행성을 태양계 행성이라고 해요. 수성, 금성, 지구, 화성, 목성, 토성, 천왕성, 해왕성이 태양계 행성에 속하지요. 행성의 이름은 그리스 로마 신화에 나오는 신의 이름에서 따왔어요. 예를 들어 지구를 뜻하는 어스는 가이아, 수성을 뜻하는 머큐리는 헤르메스의 영어식 이름이에요. 이렇게 금성은 아프로디테, 화성은 아레스, 목성은 제우스, 토성은 크로노스, 천왕성은 우라노스, 해왕성은 포세이돈에서 이름을 따왔어요.

신화 퀴즈

그림 연결하기

누구와 관련된 물건인지 선으로 연결해 보세요.

❶  ❷  ❸  ❹

ㄱ  ㄴ  ㄷ  ㄹ

헤르메스   포세이돈   제우스   데메테르

OX 퀴즈

❶ 크로노스가 아기인 줄 알고 삼킨 것은 인형이에요.   O X

❷ 키클롭스는 얼굴에 눈이 다섯 개나 있었어요.   O X

❸ 제우스는 결혼과 가정의 여신 헤라와 결혼했어요.   O X

❹ 사랑의 여신 아프로디테는 동굴 속에서 태어났어요.   O X

❺ 냉정하고 엄격한 하데스는 지하 세계를 다스렸어요.   O X

🏺 신들의 이름

그림과 초성을 보고 신들의 이름을 써 보세요.

❶ 대지의 여신 | ㄱ ㅇ ㅇ |

❷ 시간의 신 | ㅋ ㄹ ㄴ ㅅ |

❸ 지혜와 전쟁의 여신 | ㅇ ㅌ ㄴ |

❹ 승리의 여신 | ㄴ ㅋ |

🏺 가장 멋진 신

여러분은 어떤 신이 가장 마음에 드나요? 이름과 함께 이유를 써 보세요.

신 이름 _____

이유 _____

정답
신들의 이름 ❶ 가이아 ❷ 크로노스 ❸ 아테나 ❹ 니케

상상하기

여러분이 제우스가 되어 최고의 신이 된다면 누구를 무슨 신으로 만들고 싶은지 상상해서 써 보세요.

신들의 이름

그리스식	로마식	영어식	별칭
제우스	유피테르	주피터	최고의 신
헤라	유노	주노	결혼과 가정의 여신
포세이돈	넵투누스	넵튠	바다의 신
데메테르	케레스	세레스	곡식과 농사의 여신
아프로디테	베누스	비너스	사랑과 아름다움의 여신
아테나	미네르바	미네르바	지혜와 전쟁의 여신
아폴론	아폴로	아폴로	태양·음악·예언의 신
아르테미스	디아나	다이애나	사냥과 달의 여신
헤파이스토스	불카누스	벌컨	불과 대장장이의 신
아레스	마르스	마스	전쟁의 신
헤르메스	메르쿠리우스	머큐리	전령과 상업의 신
디오니소스	바쿠스	바커스	술과 축제의 신
헤스티아	베스타	베스타	불과 화로의 여신
하데스	플루톤	플루토	저승의 신
에로스	큐피드	큐피드	사랑의 신
니케	빅토리아	나이키	승리의 여신
기이이	델쿠스	이스	대지의 여신
우라노스	카일루스	유러너스	하늘의 신
크로노스	사투르누스	새턴	시간의 신

신들의 계보

신들의 탄생

카오스
├─ 가이아
├─ 타르타로스
├─ 에레보스
└─ 닉스

가이아
├─ 오레
├─ 폰토스
└─ 우라노스

에리니에스
기간테스
아프로디테 ★

티탄
크로노스, 레아,
오케아노스, 테티스,
코이오스, 포이베,
히페리온, 테이아,
테미스, 므네모시네,
이아페토스, 크레이오스

키클롭스

헤카톤케이레스

이아페토스 ─ 클리메네
├─ 아틀라스
├─ 메노이티오스
├─ 프로메테우스
└─ 에피메테우스

★ 올림포스 열두 신

🌿 올림포스 신들

```
            크로노스 ─── 레아
                    │
   ┌────┬────┬──────┼──────┬────┬────┐
 헤스티아 데메테르 제우스 헤라  하데스  포세이돈
              │
           페르세포네
              │
   ┌──────┬───┴──┬──────┐
헤파이스토스 아레스 헤베 에일레이티이아
```

🌿 제우스 관계도

```
제우스 ─── 메티스              제우스 ─── 레토
     │                            │
    아테나                    ┌────┴────┐
                           아폴론    아르테미스

제우스 ─── 세멜레              제우스 ─── 마이아
     │                            │
   디오니소스                    헤르메스

제우스 ─── 알크메네             제우스 ─── 테미스
     │                            │
   헤라클레스                 ┌────┴────┐
                           모이라이    호라이
```

보물을 찾아라!

신화 속 영웅들은 힘도 셌지만 모험을 두려워하지 않았어요. 여러분이 영웅이 되어 괴물을 무찌르고 신들의 도움을 받아 보물을 찾아보세요!

*신들의 분노를 주의하세요!

출발

가이야의 선물 +2칸

제우스의 무기 번개가 있는 칸으로 이동

아프로디테의 장난 하트가 있는 칸으로 이동

티폰의 마지막 공격 -2칸

보물은 가까이! 박수 3번 치기

헤르메스의 날개 모자 모자를 쓰고 위로 올라가요

헤라의 감시 주사위 5, 6은 다시 굴리기

게임 방법 🎲🎲

주사위와 게임 말을 준비하세요. 주사위를 굴리고 나온 숫자 대로 말을 이동하세요. 먼저 도착한 사람이 보물을 차지하고 진정한 영웅이 됩니다!

포세이돈의 분노
-2칸

아테나의 신전
파르테논 신전으로 이동

번쩍 번쩍!

아레스의 전투
가위바위보를 이기면 +1칸

타르타로스
아래로 쿵 떨어져요

도착

황금 투구 쓰고 달리기
주사위 +2칸

기간테스의 공격
-1칸

이것이 진짜 보물?
앞사람과 자리 바꾸기

디오니소스의 축제
1회 쉬기

글 양태석
서울예술대학에서 문학을 공부했고, 1991년 월간 〈문학정신〉에 단편소설이 당선되었습니다. 잡지사와 출판사에서 일했고, 지금은 소설과 동화를 쓰고 있습니다. 쓴 책으로는 소설집 《다락방》과 동화집 《아빠의 수첩》, 《사랑의 힘 운동본부》, 《책으로 집을 지은 악어》 등 30여 권이 있습니다.

그림 조성경
일러스트레이션을 전공했으며 캐릭터 디자인, 웹툰, 이모티콘 등 다양한 분야에서 활동 중입니다. 주요 작품으로는 카카오톡 이모티콘 '판다! 두부의 생활 일기', '스마일 재스민'이 있으며, 그린 책으로는 「내가 만드는 팝업북」 시리즈, 「미니미니 만들기」 시리즈 등이 있습니다.

그리스 로마 신화

❶ 처음 열린 신들의 세상

2021년 6월 20일 1판 1쇄 발행

글 양태석 | 그림 조성경
펴낸이 문제천 | 펴낸곳 ㈜은하수미디어
편집진행 문미라 | 편집 옥수진, 박예슬
디자인 김지수, 권은애 | 디자인 지원 김지언 | 제작책임 이남수
주소 서울시 송파구 송이로32길 18, 405 (문정동, 4층)
대표전화 (02)449-2701 | 팩스 (02)404-8768 | 편집부 (02)3402-1386
출판등록 제22-590호(2000. 7. 10.)
ⓒ2021, Eunhasoo Media Publishing Co., Ltd.

이 책의 저작권은 ㈜은하수미디어에 있으므로 무단 전재 및 무단 복제를 금합니다.

주의! 종이가 날카로워 손을 베일 수 있으므로 주의하십시오.
파본은 구입처에서 교환해 드립니다. 사용 중 발생한 파손은 교환 대상에 해당되지 않습니다.

* 사진 출처 Shutterstock, Wikimedia Commons

그리스 로마 신화 캐릭터 카드 ①

특별부록

그리스 로마 신화 캐릭터 카드 ②

크로노스 — POWER 97
시간의 신 — 9 / 7
자식에게 왕좌를 빼앗기지 않으려고 태어나는
자식을 삼켰다가 제우스에게 쫓겨나요.

포세이돈 — POWER 94
바다의 신 — 9 / 7
바다를 다스리는 제우스의 형제예요.
삼지창으로 태풍과 지진을 일으켜요.

아테나 — POWER 96
지혜와 전쟁의 여신 — 9 / 8
투구를 쓰고 갑옷을 입은 채 제우스의
머리에서 나왔어요. 무척 지혜로워요.

아프로디테 — POWER 74
사랑과 아름다움의 여신 — 6 / 7
바다 거품에서 태어났어요. 눈부시게
아름다워서 남자 신들에게 인기가 많아요.